本书由东莞理工学院社会学学科建设经费资助出版

本书为以下项目的阶段性成果

广东省哲学社会科学规划项目
"中小学反'校园欺凌'的社会工作干预模式研究"（GD20CSH05）

广东省教育科学规划项目
"新文科建设背景下中国文化与社会工作教育的融合研究——以青少年社会工作为例"
（项目编号 2021GXJK421）

广东省质量工程项目
"东莞理工学院－大众社会工作服务中心社会工作专业校外实践基地"

张燕婷 著

School
Social Work

THE SYSTEM CONSTRUCTION AND PRACTICAL RESPONSE OF LOCALIZED KNOWLEDGE

学校社会工作

本土化知识体系
构建与实践回应

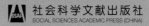

社会科学文献出版社
SOCIAL SCIENCES ACADEMIC PRESS (CHINA)

前　言

社会工作在新时代社会治理中的重要性日益凸显。近年来，作为社会工作重要实践领域的学校社会工作的制度建设与实践发展也被提上议事日程。2020 年 12 月 23 日，教育部颁布《中小学教育惩戒规则（试行）》，"小学高年级、初中和高中阶段的学生违规违纪情节严重或者影响恶劣的，学校可以……安排专门的课程或者教育场所，由社会工作者或者其他专业人员进行心理辅导、行为干预"；"学校可以根据实际和需要，建立学生教育保护辅导工作机制，由学校分管负责人、德育工作机构负责人、教师以及法治副校长（辅导员）、法律以及心理、社会工作等方面的专业人员组成辅导小组，对有需要的学生进行专门的心理辅导、行为矫治"。以上两处均直接指出社会工作在中小学教育中的专业定位与功能。2020 年 12 月 26 日，新修订的《中华人民共和国预防未成年人犯罪法》多处直接提及社会工作，这让社会工作者参与预防作为未成年人的在校学生犯罪工作的合法性地位得到确认。2021 年 6 月 6 日印发的《国务院未成年人保护工作领导小组关于加强未成年人保护工作的意见》明确要求，"引入专业力量参与学生管理服务，有条件的地方，可通过建立学校社会工作站、设立社会工作岗位、政府购买服务等方式，推进学校社会工作发展"。学校社会工作在中小学教育、未成年人保护、未成年人犯罪等领域的专业功能受到社会认可，得到了制度化保障。除此之外，随着社会流动的加速以及互联网时代的到来，青少年群体的社会关系以及生活方式快速变革，深刻地影响着学生的道德标准、思维方式和价值取向，使得他们在新时期呈现许多与以往不同的新问题、新特点、新需求，这些新的变化对学校原有的学生工作提出了新的要求与挑战。传统的学校学生工作主要采取教导灌输、管理奖惩等手段，这种以问题为导向的行政式学生管理模式存在许多问题，学校原有的心理辅导体系功能的发挥也存在许多局限，难以有效回应和满足新时代学生的多元化需求。

目前，学校主要通过德育部门和团委进行思想政治教育、心理评估，通过心理咨询中心和心理委员会组织相关活动等来进行服务，这些内容在实践中取得了一定的成效，但在功能上是存在缺失的，一般体现在服务的效率、覆盖层次以及危机干预等方面。学校社会工作的服务模式正好可以弥补现有学校工作存在的功能性缺失，配合原有的服务体系，构建更能满足学生和教育发展需求的服务模式。曾执笔《社会工作百科全书》的美国社会工作学者 Costin（1975）认为学校社会工作是运用社会工作的理论与方法以实现学校的主要目的，即为学生提供教与学的场所，使学生能为现在所居住的世界与未来可能面对的世界准备他们自己。《中国社会工作百科全书》对学校社会工作的定义是："学校社会工作是专业社会工作者运用社会工作的理论、方法与技巧，对正规或非正规教育体系中的学生，特别是处境困难的学生提供的专业服务。其目的在于帮助学生或学校解决所遇到的某些问题，调整学校、家庭及社区之间的关系，发挥学生的潜能和学校、家庭及社区教育功能，以实现教育目的乃至若干社会目标。"（陈良瑾，1994）。我国台湾的《云五社会科学大辞典》一书，对学校社会工作的解释是："学校社会工作是对有社会与情绪问题的学生的一种服务，因为这种问题足以妨碍学生与学校之间的调适。学校社会工作者的功能是协助有困难的个别儿童，使其能够适应学校环境，帮助学校当局对学生的背景有更多和更深入的了解，也对学生的家长解释学校的教学方法与宗旨，使学校与家长之间建立良好的关系。"综上，学校社会工作的服务理念强调学生的主体性和力量，基于优势的视角，注重发挥学生的潜能和激发其参与积极性，构建更加和谐与人性化的管理体制。学校社会工作的专业服务有益于弥补传统介入模式的功能不足。学校社会工作的专业服务往往基于生态系统的模型，内容比较丰富，在社区、学校、家庭等层面都有相应的服务体系，而且逻辑比较清晰，相互之间的衔接比较紧密。学校社会工作是教育与社会福利结合的一项重要的青少年服务。为了实现全人教育的目标，社工、老师和相关管理层，都要各司其职、互相配合，发挥跨专业团队协作的精神，才能帮助青少年克服所面对的困难，使他们能够愉快地学习（罗观翠，2020）。

新时代中国社会工作已经进入一个历史性的发展机遇期。顺应时代需求，社会工作的专业化已不再只是一种强调理论性、追求合法性的专业权威，而是逐渐转向为一种强调科学属性、具有实用主义倾向的专业实践（刘振、徐选国，2020）。在这一转向中社会工作的本土化知识体系成为核心要素，它直接关系到社会工作实践的成效，学校社会工作也不例外。社会工作来源于西方，就学校社会工作而言，学校社会工作的本土化知识体系构建究其本质是一个西方理论的中国化或本土化的问题。2020 年 8 月 24 日，习近平总书记在经济社会领域专家座谈会上的讲话中对经济社会发展形势做出了重要阐释，其中强调："从国情出发，从中国实践中来、到中国实践中去，把论文写在祖国大地上，使理论和政策创新符合中国实际、具有中国特色，不断发展中国特色社会主义政治经济学、社会学。"（习近平，2020）这为学校社会工作本土化知识体系构建指明了方向。为此，本书从西方学校社会工作在发展过程中常借鉴的社会学、心理学、教育学等基础学科理论出发，立足学校社会工作的本土实践，构建科学、系统的学校社会工作本土化知识体系，以促进学校社会工作的本土实践创新及其专业功能的有效发挥。

目　录

理论篇

理论篇

第一章　学校社会工作的理论范式

　　范式，最早出自希腊语，主要体现为"范型""模特""范例"等方面的含义。美国科学家托马斯·库恩于 20 世纪 60 年代在《科学革命的结构》一书中，向那种有关科学是通过循序渐进的积累方式发展起来的传统观点提出了挑战。按库恩的说法，科学不是按进化的方式发展的，它的发展是通过一系列革命的方式实现的。在解释这种革命的过程时，库恩使用了"范式"（paradigm）的概念，"它指的是一个共同体成员所共享的信仰、价值、技术等等的集合"（库恩，2003）。比如，蕴含在牛顿物理学中的世界观构成一个范式，而蕴含在爱因斯坦物理学中的世界观则构成另一个范式。由此，库恩将科学的发展分为两个时期：常规科学时期和科学革命时期。在前一个时期，科学的一致性很高，科学家共同体中的所有成员都将自己学科流行的范式视为真实的和正当的；而在后一个时期，如经典力学向量子力学的转变时期，旧范式的一致性消失了，不过，在经历革命之后，新范式的一致性很快又会建立起来。在其看来，"按既定的用法，范式就是一种公认的模型或模式"，"我采用这个术语是想说明在科学实践活动中某些被公认的范例——包括定律、理论、应用以及仪器设备统统在内的范例——为某种科学研究传统的出现提供了模型"（库恩，2003）。在库恩看来，范式就是科学共同体的共同承诺集合和共有范例。这样，范式逐渐成为从事某一领域的科学研究者在研究过程中逐步形成并共同遵守的世界观和行为方式，具体包括共同的基本理论、观念、方法、信念及研究假设或逻辑等，以回答"认识什么""认识的主客体关系是什么""如何认识"等问题。换言之，作为一种理论体系，范式是某领域研究者共同体所认同的假说、理论、准则和方法的总和，有利于研究者在心理上形成共同信念，为研究提供大纲或基本框架，亦可为同领域的研究提供一定的借鉴思路或示例。就本质而言，学术研究领域的范式，即指看待研究对象的方式和视角，其决定了研究者如何看待对象、把对象看成什么、在对象中看到什么和忽视什么（戴香智、王宝鹏，2009）。

有关学校社会工作本土化研究，早在2004年就已形成热潮。历经近20年后，至今已有许多研究成果。然而，在此背景下，学校社会工作研究陷入了"创新难"的困境。从表面来看，这是因为当前我国学校社会工作研究局限于某个理论范式，难以从新的理论视角看问题；从深层来看，是因为众多研究者没有从实践出发，没有拓展学校社会工作研究的想象力。要拓展学校社会工作研究的想象力，实现学校社会工作研究的持续创新，就要在深入实践的基础上，进行新的经验总结和理论升华。从实践出发同样需要理论范式的指导。目前学术界有关学校社会工作研究的理论范式主要有实证主义范式、后实证主义范式、批判主义范式和建构主义范式。这四种范式之间的发展融合，为创新学校社会工作研究奠定了基础。在学校社会工作实践过程中，各种范式应该是相辅相成的，学校社会工作研究应该遵循多元范式并存的原则。在运用理论范式指导具体的学校社会工作实践中，学校社会工作研究者通过反思总结新的经验，并将其上升到理论层面，与指导工作的基本范式相结合，建构动态的、具体的、符合实际的理论，最终拓展学校社会工作研究的想象力，这是当前解决学校社会工作研究"创新难"问题的根本途径。

一 实证主义范式

实证主义指的是对外界的正确认识应立足于对客观事物的观察和感觉等，以此为范式的研究极为强调"客观性"。就其发展过程而言，实证主义起源于19世纪三四十年代，以孔德、斯宾塞、穆勒等为主要代表人物。孔德（1996）认为："科学的基本精神是强调研究对象的可观察性和研究结果的可证实性或重复性，具体方法包括观察、实验、比较等。"往后，于 19 世纪 70 年代形成以马赫主义为代表的第二代实证主义，于 20 世纪 20 年代形成以维也纳学派为代表的第三代实证主义（逻辑实证主义、逻辑经验主义等）。真正将实证主义引入社会科学的是实证主义者、法国社会学家迪尔凯姆，其在《社会学方法的规则》中指出，"普遍存在于该社会各处并具有其固有存在的，不管其在个别人身上的表现如何，都叫作社会事实……社会学研究方法的最基本准则：把社会事实作为事物来看待……我们必须将社会现象看作社会本身的现象，是呈现在我们面前的外部事物，必须摆脱我们对它们的主观意识，把它们当作与己无关的外部事物来研究"（迪尔凯姆，1999）。

（一）实证主义范式的认识论渊源

1. 经验主义

在发展过程中，经验主义哲学是实证主义的重要理论来源。以贝克莱和休谟等为代表的经验主义者认为，感性的观察是知识的源泉及评判知识真伪的唯一标准，只有通过观察得到的知识才是真实可靠的，反对以因果关系为基础的论证（科拉科夫斯基，2011：28~43）。19 世纪 30 年代，首批实证主义者批判性地继承了经验主义，并把它作为认识论基础：强调经验是一切知识的基础，经验事实也是获得"确定性"的唯一途径。随后，经验主义被当作实证主义范式的基本信条。比如：马赫主义站在"彻底经验主义"立场上认为，感觉是实在的基础，主张在感觉或"纯粹经验"的基础上构建科学的认识论。之后的逻辑实证主义，即便引入了"逻辑"，但仍坚守"经验证实"的原则，坚信只有能被经验证实或证伪的命题才是有意义的。

2. 客观主义

所谓客观主义认识论，其核心思想通常可以概括为两个"分离"。其一，认知主体和认知客体在认识过程中是分离的；其二，事实和价值、描述陈述和规范陈述间是分离的（殷杰，2017：120）。在客观主义认识论看来，科学研究不应受任何个人的价值、情感、偏好等方面的影响，而是应以价值中立的方式进行。迪尔凯姆明确提出，观察社会事实"第一条也是最基本的规则是：把社会事实作为物来考察"（迪尔凯姆，1995：35）。他强调社会学的研究对象是具有外在性、客观性、强制性等特性的"社会事实"。至此，实证主义形成之后，即始终坚守价值无涉的原则，认为一旦价值介入就会破坏科学的客观性。后来的逻辑实证主义虽有关注"逻辑"，却强调价值判断只是情感的表达，难以得到理性的辩护和证明。

3. 自然主义

所谓自然主义认识论，其核心思想是：所有自然现象都能用自然的法则加以解释；而社会现象是自然现象的延续，探索自然现象的法则和方法可以应用于研究社会现象（殷杰，2017：116）。早期的自然主义认识论主要受到近代物理学相关原理的影响，比如将物理学领域的机械论运用于社会科学研究，主张模仿经典物理学，通过经验观察和数学推演，建立理论模型或体系，进而去探寻社会的普遍规律。19世纪中期，斯宾塞将机械论发展为有机论，他用生物学的概念来说明社会现象，用生物学的自然选择、生存竞争的法则来解释社会的进化。之后，实证主义者都接受了自然主义，只是他们仿效的自然科学逐步从物理学、生物学发展到神经科学、认知科学等新兴科学。正如科拉科夫斯基（2011：199）所言："实证主义，当其彻底的时候，放弃了真理的先验意义，而将逻辑价值归结为生物性行为的特征。"

（二）实证主义范式的精神实质

当然，实证主义流派众多，实际进化的谱系图远比我们表述的要复杂。我们可以归纳出实证主义的一些基本主张，但若从范式层面来解读实证主义的内涵与实质，却非三言两语可以概括。实证主义范式认为，社会科学不是研究个别人和个别事件，而是研究普遍的社会现象，这些现象是在各种社会力量作用下产生的且受一定的社会规律支配的客观事实；实证主义对社会现象的认识是要说明社会整体的特征，如社会结构、社会制度、生产力发展水平等，是这些因素而不是个人特征决定了社会现象的产生、发展与变化,其中的规律性往往需要通过宏观层次的大样本的调查和统计来研究,通过统计分析方可有效发现其中的规律性。同时,实证主义在检验真理的标准上,强调以经验为客观标准,主张在收集社会事实时坚持自然科学的"价值中立"的基本原则,以便得到客观的事实和理论认识,并对理论做出客观检验。

结合前文对范式的界定与理解,实证主义范式可从理论、规则和方法三个层面来进行探讨,其中规则和方法在实证主义范式中属于相对明确的部分。特别是方法,无论是定量的,还是定性的,只要基于证据和事实,都可以视为实证研究方法,这并无太多争议。就实证主义范式的理论层面而言,在西方哲学史的谱系中,实证主义属于认识论的一大流派。认识论是实证主义范式的主体部分,从实证主义范式的认识论入手,可以了解实证主义范式的独特内涵,进而挖掘其精神实质(李均,2018)。

所谓"精神实质",通常是指某种理论或思潮的基本追求。在实证主义范式框架下,认识来源于经验主义,标准即客观主义,能力、范围等则受制于自然主义。当然实证主义范式并非经验主义、客观主义以及自然主义三者的简单相加,而是在其精神实质的统领下,三者有机结合,进而有效回答"是什么"、"为什么"以及"怎么样"等问题。综观实证主义的发展史,不难发现,实证主义范式的精神实质归根结底在于"科学主义"。具体体现在以下三个方面。其一,实证主义本身就是以经典物理学为代表的自然科学的核心思想,其目的就是为科学进步寻找最理想的认识工具和方法。正是基于此目的,孔德(2014:1~2)把"科学或实证"作为神学、形而上学之后知识的第三阶段(最高阶段),把科学推上至尊的地位。其二,实证主义认识论是科学主义主导下的认识论。正如前文所言,实证主义为了推崇科学,选择将经验主义、客观主义和自然主义作为其认识论基础,并直接从中萃取了观察、实验、客观、可检验等概念或思想作为支撑其科学主义追求的内容、方法和工具。其三,推动所有学科以及学术研究的"科学化"是实证主义的行动纲领,也是其落实科学主义信仰的关键任务。孔德认为,社会科学和自

然科学在本质和方法上是一样的，社会学要像物理学、化学一样成为实证科学。涂尔干认为，社会科学的对象具有客观实在的特征，应该以自然科学为蓝本。这样，科学主义逐渐成为实证主义的信仰，实证主义范式又是科学主义的标准范式和最佳诠释。

（三）实证主义范式对于学校社会工作研究的意义

我们明确了上述基本前提后，再回到讨论的主题，就会发现：实证主义范式对于我国学校社会工作研究的重大意义毋庸置疑，实证主义范式对提升我国学校社会工作研究的科学性有不可或缺的意义。学校社会工作研究活动是一种客观存在，有其自身的内在逻辑，还要受到社会、政治、经济、文化的制约。在研究过程中，无论是宏观领域的决策，还是微观领域的人才培养，要探寻学校社会工作主客体及相互之间各种因素的关系，都必须借助实证主义范式来进行科学的研究，无论是测量、统计，还是实验、试验，都强调经验事实层面的研究。换言之，实证主义的研究，其对象必然是物化的，其方法必然是实践性的，其结果必然是客观的（在价值取向上）。然而，学校社会工作研究主要是定性研究，大多是实地研究、个案研究及社区研究，采用的主要是观察法和无结构访谈法，对实证主义范式运用得并不是很多，只有在需要对案主群体进行特定调查分析时才会采用大规模的实证调研。

二　后实证主义范式

实证主义产生以后，即以鲜明的科学主义特征受到西方社会科学界的持续追捧，迅速成为社会学、政治学、经济学、心理学、人类学等社会科学的主流范式，甚至辐射到历史学、哲学、文学等人文科学领域。但自20世纪50年代以来，实证主义在西方受到的批评不断。比如，在有关科学主义方面，哈耶克（2012：8）认为，科学主义"使科学走过了头，造成一种相反的危险处境"，其"阻碍着在理解社会方面的进步"。马尔库塞（1988）也认为，科学主义所蕴含的技术理性，使得科学技术可能成为社会的控制方式，导致社会成为只有肯定面的"单面社会"，导致思想成为只有肯定面的"单面思想"，导致人成为工具化的"单面人"。这样，实证主义范式的缺陷在于日渐将研究对象（主要关涉人和社会）物化，抹杀了人以及社会的主观能动性，看不到社会过程与自然过程之间的本质区别。这一重大缺陷为后实证主义的产生埋下了伏笔。

（一）后实证主义范式的认识论渊源

就认识论层面而言，诠释学与实证主义可以说是针锋相对的。诠释学坚持反对主观与客观的二元论，通过反对事实与价值的分离，进一步强调了认识应当是具有社会历史性的基于理解的或然性的因果规则。这样，在一定程度上，这些理论严重动摇了实证主义赖以生存的认识论根基。20 世纪 50 年代兴起的后现代主义思潮所倡导的"反主体性，反总体性和同一性，反理性至上，不确定性"等理念，从根本上解构了作为实证主义认识论基础的三大主义，给实证主义范式以致命性的打击。

（二）后实证主义范式的精神实质

实证主义在追求知识的"确定性"、"说明"社会现象方面是有效的范式，但它在探寻知识的"意义"、"理解"社会现象方面与诠释学等范式存在明显差距。所以，我们重视但不能夸大或泛化实证主义范式的意义和功能，否则会带来一些风险。

实证主义范式的功能发挥是有一定限度的，特别是20 世纪 50 年代出现的后实证主义流派。在不绝于耳的质疑与批判声中，实证主义范式走下神坛，呈现日渐式微的迹象，并逐渐"汇入语言分析的哲学潮流中"（殷杰，2017：109）。虽然这些流派的观点也不一定完全正确，但从一个侧面反映了实证主义范式的局限性。尽管如此，实证主义的意义不容抹杀，特别是它"限制了人类理性的恣肆，使人类的心灵谦虚地服从事实，这是对人类理性的妄自尊大的一种警醒"（科拉科夫斯基，2011：21）。这样，逐渐出现并形成了后实证主义范式。所谓"后实证主义"，也称解释主义，是一种与实证主义相对立的研究范式，它首先

由韦伯提出。韦伯认为："人总是生活在一定社会现实之中，其如何行动、以什么样的方式行动，都建立在对自我行动的理解基础之上。"（戴香智、王宝鹏，2009）。后实证主义认为，社会过程和自然过程之间存在着本质区别。自然过程的主体是无意识的物质，而个人的行动是带有意义的，它不是单纯地对外界刺激做出反应，而是推崇人的主观能动性，以此为范式的研究必然将人的主观能动性作为一切社会问题的根源。

（三）后实证主义范式对于学校社会工作研究的意义

后实证主义作为一种"批判的现实主义"，认为客观实体是存在的，但是其真实性不可能被穷尽。所谓"研究"，就是通过一系列细致、严谨的手段和方法对不尽精确的表象进行"证伪"而逐步接近客观真实（陈向明，2000：15）。实践中，后实证主义强调把事实与价值结合起来等特征与学校社会工作实践要求有着很高的契合度，因此，学校社会工作者在介入过程中大多采用后实证主义范式，注重理解和解释，注重个体差异性，即开展个案工作，尊重案主的独特性，投入理解案主，提倡案主自决，在环境中理解案主行为，等等。

三 批判主义范式

（一）批判主义范式的认识论渊源

对现存社会做出合理性解释是解释主义应有之义，因而其缺陷就在于缺乏批判性。在马克思主义诞生后，批判主义以此为基础在 20 世纪初发展起来，它的基本特征是强调社会理论的批判性质，强调理论和理论家在改造、变革社会中的重要作用，反对那种旨在维护、修补现存社会结构的单纯解释性的"科学"研究（胡全柱，2008）。

（二）批判主义范式的精神实质

批判主义作为一种"历史现实主义"，一方面，在本体论层面，承认客观现实的存在；另一方面，在认识论层面，又认为所谓的"现实"是历史的产物，即在人类社会发展进程中由社会、政治、文化等因素综合作用形塑而成的（陈向明，2000：15）。这样，研究者的价值观不可避免地会影响到研究对象，研究的目的便是通过研究者与研究对象之间的对话和互动来超越研究对象对"现实"的无知与误解，唤醒其被压抑的真实意识，以提出新的问题和研究问题的角度。因而，批判主义与后实证主义、实证主义之间的第一个重要区别在于：批判主义在批判现实、推翻现实秩序的基础上寻找人类社会进一步解放的道路，而不是为现有秩序提供合理性解释。同时，批判主义还在研究方法上与实证主义及后实证主义不同，后者采取鼓励的方法来观察和分析社会事实，而批判主义者主张"以辩证的'总体分析'方法来观察和分析社会现实，即将社会现象置于社会的与历史的总体过程当中，从它们在社会的与历史的总体过程当中所具有的地位与作用来确定它们的性质、意义，来考察它们的产生、变化和发展"（文军，2004）。进入20世纪80年代后，批判主义与人文主义逐渐结合，形成了批判－诠释理论范式。

（三）批判主义范式对于学校社会工作研究的意义

随着我国社会转型的加速，学校教育日渐面临诸多新形势、新情况、新问题，如特困生问题、学困生问题、各种心理问题等成为学校教育乃至整个社会普遍关注的问题。这些因素综合在一起使得一直沿用的思想政治教育思路和学生工作管理体系面临空前的挑战。近年来，学校及教育行政部门为此进行了不断探索与创新，不断借鉴管理学、心理学、教育学等相关学科的工作方法，也取得了一定的成绩，但与现实需要尚有一定差距，缺少对现实问题更有效的对策和强有力的应对措施。而学校社会工作就是针对青少年学生在成长、发展过程中出现的问题采取积极有效的对策并努力加以解决的一种助人活动，它属于社会工作领域的一种专业服务，"通过与家长、学校、社区的互动解决学生问题"，促进学生成长，"形成家庭—学校—社区三者的良好关系"，以构筑教、

学、成长的和谐环境，使学生更好地适应社会（范明林、张洁，2005：3）。概言之，"学校社会工作是将社会工作的原则与方法用于学校"，目的在于协助学校"形成教与学的良好环境"并使学生得以"获得其适应近日与未来的生活能力的一种专业服务活动"（徐震、林万亿，1990：183）。而批判主义范式主张："通过研究者与研究对象之间的对话和互动来超越研究对象对'现实'的无知与误解，唤醒他们在历史过程中被压抑的真实意识，逐步解除那些给他们带来痛苦和挣扎的偏见，提出新的问题和看问题的角度。"（陈向明，2000：16）因此，这种批判 - 诠释理论范式被一定程度地运用于学校社会工作实践中，纠正了部分学校社会工作实践因强烈的价值介入而产生的理解偏差。

四　建构主义范式

（一）建构主义范式的认识论渊源

建构主义作为一种认知方式和教育教学理念，自古以来就存在。就其思想渊源而言，最早可追溯到 8 世纪意大利哲学家维柯的"新科学"，无论是康德的"哥白尼式的哲学革命"、波普尔的"经验证伪原则"，还是维特根斯坦的"语言游戏说"等，无不从哲学角度为建构主义思想的萌芽、形成和发展提供了一定的认识基础和理论来源。20 世纪以来，无论是基于皮亚杰理论的建构主义聚焦于探讨人类的认知建构能力发展，还是以斯特弗等为代表的社会建构主义以及维果茨基强调的个体的学习是在一定的历史和社会文化背景下进行的，都强调了认知过程中学习者所处历史、社会文化背景的作用，认为学习除了是个体自己建构与理解的过程外，更是社会性建构的过程。这样，在皮亚杰、杜威、维果茨基等人的努力下，建构主义思想不断发展完善，逐渐形成了一套比较成熟的理论体系。

（二）建构主义范式的精神实质

与其他范式不同，建构主义范式的主张者不是现实主义者，在本体论上基本持相对主义的态度。建构主义认为，所谓的"事实"，就是多元的，因历史、现实、时空情境以及个体经验等方面的差异而不同。于是，建构起来的"事实"只是一种相对"合适"与否的状态，并不存在绝对的真实与否，通过研究，只能判断某种行为或看法是否达到其预期，而不能进行有效价值判断。换言之，建构主义范式的精神实质在于，研究者与研究对象之间是一种互为主体的关系，通过不同主体之间的互动达成共识，以形成研究结果。正如伽达默尔所指出的，"领会"不是主体对客体的认识，而是不同主体之间"视阈的融合"。在研究过程中，每一次解释和理解都是对原有诠释的再诠释，互动各方正是在不断辩证对话过程中，在个体与世界之间、过去与现在之间、我与他之间建构起理解的桥梁，进而共同建构出研究结果（陈向明，2000：16~17）。

（三）建构主义范式对于学校社会工作研究的意义

建构主义是一个十分复杂并且没有统一严格定论的理论范式，由于种种原因，特别是出于对贴标签做法的不满，不少后现代主义者（如福柯、布希亚、德里达等）甚至反对给"后现代"下定义。在后现代主义者看来，建立在理性主义基础上的现代性既缺乏牢靠的理论基础又不能兑现自己的解放承诺，因而完全缺乏正当性。他们希冀的是一种完全不同的、以多元文化并存为特征的另类的文明或者生活方式（谢立中，2007）。后现代主义者对现代性的猛烈批判，也遭到了坚持启蒙运动之现代性理想的理论家的反击。哈贝马斯就对理性主义原则进行了辩护，认为现代性并没有失败，只是它的最初设计中存在着某种差错。现代性的目标，即通过不同活动领域的分化来实现人类的自由、平等和进步，这也应该是本研究的理想，依然是一项有待于并值得去继续完成的事业。但后现代主义者认为，哈贝马斯关于在沟通理性基础上重建现代社会的设想是一个过去、现在和将来都不可能实现的"乌托邦幻想"，永远只可能是一种"善良意志"而已。福柯将哈贝马斯的现代性重建计划指斥为一种"被'应该'的乐观主义召唤出来的幻影"（章国锋，2001）。布迪厄也认为"只有在极其有限的条件下才能实现。这一前提使他无视那种作为潜在因素内在于一切交往的权利结构和统治形式，而这种统治形式正如迄今为止对人际交往所做的分析，恰恰是通过交往活动并在交往中确立起来的"（章国锋，2000）。后现代主义与其批评者之间的这种持续不断的对话，构成了20世纪后半叶西方世界最重要的思想景观。由于对后现代主义的争论长期存在，且其尚未形成完整体系，故对其理论范式目前没有明确界定。但是后现代主义的整体论、有机论、多元论等理论观点常被用来分析社会问题，并借此提出对原有社会学理论的质疑。

简言之，建构主义范式并不是对外在知识的简单重现或机械获得，而是认知主体内部对外部世界经验的积极理解与生成。建构的结论是通过新、旧知识经验的相互作用而得到的。在学校社会工作研究过程中，研究者要不断地围绕当前的问题解决活动获取有关信息，同时又要不断激活原有的知识经验来解释当前的有关现象，形成新的假设和推论，并通过一定的方式对此做出检验。在这一系列活动中，新、旧知识经验之间的相互作用得以充分展开，为知识的建构提供了理想的途径。因此，这种思辨视角对于学校社会工作实践和理论建构有极大的指导意义。

五 多种理论范式之融合趋势

社会科学理论范式经过了不同的发展阶段，就像任何事物都要经历"合久必分，分久必合"的过程。实证主义范式强调自然科学研究的"科学建构"模式，认为研究目的在于对各种现象的因果性做出说明，以对未来发展趋势做出预测与判断；后实证主义范式则坚持认为社会科学的研究目的在于"理解"，更多地关注各种行为的内在意义；批判主义范式则坚持"批判"与"强调"的功能，主张对一切现实持批判态度，以批判来推动知识的反思性发展；建构主义范式则强调研究的主客体在互动过程中"建构"的重要意义。这些理论范式的主要特征与侧重点的差异性，反映了社会科学领域研究倾向在某种程度上的对立。当然，正是这种范式之间不断地分化、整合，体现了相互间有着千丝万缕的联系，从某种意义上甚至为学科的发展提供了更大空间。

学校社会工作实践所寻求的理论范式的融合，并不是传统意义上的社会学理论的综合趋势，而是认为各种范式应该是相辅相成的，学校社会工作研究应该遵循多元范式并存的原则。在进行理论范式融合的过程中，绝对不能胡乱杂糅各种范式，必须认识到后现代主义强调的断裂和差异一直存在。学校社会工作具有实践性、诠释性、发展性与整体性等多重特征，这决定了在学校社会工作研究中，只有实现理论范式的融合与创新，才能突破单一范式的束缚，拓展学校社会工作的想象空间。具体而言，"学校社会工作研究日趋在不同范式之间寻求有效的契合点，既强调实证主义，坚持对研究对象做实证的、经验主义的考察与分析，又强调后实证主义即解释主义，要求研究者对研究对象进行解释性理解，特别关注研究者与研究对象之间的主体间性和视阈融合"，即学校社会工作要将看、听、说三者中任何一方投射于其他两方，在同出一源的基础上对他人意图进行推测与判定，实现研究者和研究对象的融通无间。

第二章 学校社会工作的理论基础

社会工作专业理论大体源于两个方面，一是对社会学、心理学、教育学等学科理论的移植与改造，二是基于社会工作长期专业实践而形成的伦理价值、实务理论及技巧方法等。学校社会工作是社会工作的一个重要分支领域，其理论来源与社会工作专业的理论来源基本相同。因而，本章借鉴社会工作专业理论的分析维度，主要从社会学、心理学、教育学与社会工作四个视域来呈现学校社会工作的基本理论，并予以简单评述。

一 学校社会工作的社会学理论视野

社会学以个人及其社会行动为主要研究对象，人是社会的动物，社会又产生于人们之间持续的交互作用过程中，因此，个人与社会的关系是社会学的基本问题（郑杭生，2003：1~2）。如果个人能够参与到某些群体中，并与其他成员进行良性互动，就会形成良好的社会关系和社会适应；反之，如果缺乏有效的互动，则会产生社会关系失调或适应不良等诸多问题（郑杭生，2003：1~2）。对于学校社会工作而言，作为主要服务对象的学生以及相关的老师、家长，都处于社会互动和社会关系之中，无论是以问题解决为导向的治疗性实务还是以全面提升为导向的发展性实务，都需要借鉴一些社会学理论，尤其是社会化理论、越轨理论、角色理论及代沟理论，以此作为社会工作进行问题/需求分析以及行动介入的基础。

（一）社会化理论

社会化是指在社会互动过程中，个体通过学习角色规范和行为方式，内化社会制度和价值标准，融入社群，适应社会生活，实现由生物人转变为社会人的过程。社会化的内涵包含三个不同的维度：从文化维度来看，社会化是文化（尤其是价值标准）的传递和延续过程，社会化究其实质是文化的内化；从人格发展维度来看，社会化是一个人个性形成和发展的过程，从而形成具有独特个性的社会人；从社会结构维度来看，社会化是角色学习的过程，通过符合社会期待的角色履行，实现社会结构的维持和稳定（郑杭生，2003：82~83）。虽然个体在不同年龄阶段都会面临社会化议题，但儿童和青少年时期所要经历的社会化一直是该领域研究的理论焦点，因为这两个时期的社会化程度深深影响着个体之后的学习、工作、生活乃至人格发展等方面。离开家庭后，儿童和青少年进入学校这一社会化的重要场所，随着学龄的增长，学校、教师和同学对个体的影响甚至超过了家庭和家长。学校的社会化具有半强制性和系统性特征，不仅向学生传授知识、塑造学生的价值观，而且使学生面对家庭关系之外的、以老师和同学为主的社会关系，逐渐形成不同于家庭系统的社会互动（如合作与组织）模式，并学习遵从规则和权威，而这是社会顺利运行的基础。

在关于社会化的诸多理论中，库利的"镜中我"理论和米德的"自我概念"着重从人格发展角度来解释社会化的机制和过程，对于学生的社会化分析具有重要的启示意义。犹如人从镜子中看到自己模样一样，库利认为个人的自我观念也从"镜"中来，只不过这面镜子是他人对自己行为的反应。米德指出在儿童的社会化过程中，对其而言特别重要或有意义的"重要他人"是其主要模仿对象，影响儿童自我概念的形成。库利的"镜中我"理论和米德的"自我概念"都强调他人对个体社会化的影响（范明林，2005：65）。作为学生身边的"重要他人"——老师、同学、家长的态度、评价和行为对学生的自我概念形成具有重要作用，因为学生正处于自我意识和人格塑造的关键期。对于学校社会工作者来说，在介入学生问题时要看到他人，尤其是"重要他人"对学生及其问题的影响，引导他人正确评价学生，帮助学生建立积极的自我概念，借助内外合力走出困境。

（二）越轨理论

违反某个群体或社会重要行为规范的行为，就是越轨，"越轨"概念的核心在于"不遵从"。既有的研究主要从生物学、心理学和社会学视角来解释越轨行为的发生。不同于生物学和心理学视角聚焦越轨者与他人的不同，社会学视角侧重于从社会环境分析越轨行为（波普诺，1999：205~207、212~214）。其中较具代表性的理论包括结构性紧张理论、文化传递理论和标签理论。

1. 结构性紧张理论

涂尔干最早提出"失范"（anomic）概念，用以揭示现代社会生活中普遍存在的无规范或规范失调状态。在失范状态下，法律、道德等社会规范是边界不明、含混不清或变幻无常的，各种各样的冲突和混乱随之频繁产生（涂尔干，2000：14）。20世纪30年代末，在涂尔干失范概念的基础上，默顿从社会文化和结构出发，指出当社会文化和结构之间存在紧张或冲突时，就有可能发生越轨行为。默顿将目标（指的是文化所提出的作为普遍欲求的某些目标）和实现目标的手段作为理解越轨行为的两个关键要素。在快速变化的社会环境中，由于社会结构的限制，某些群体或个人可能很难用合法手段实现目标，当无法用社会所认可的合法手段实现目标时，便会体验社会失范。更进一步，默顿将针对社会失范状态所产生的应对方式分为五种：一是遵从，尽管遇到挫折，但继续使用社会认可的手段实现文化目标；二是"革新"，认可目标，但拒绝使用社会认可的手段，代之以新的甚至不合规的手段来实现目标，如学生通过作弊提高考试分数；三是"仪式主义"，接受手段但不认可目标，如某位学生迫于家庭和学校压力遵守学习规范，不迟到、不早退、不旷课，但却对提高学习成绩或考取大学失去了兴趣；四是"退却主义"，同时拒绝目标和手段；五是"反叛"，拒绝文化和社会认可的目标和手段，代之以新的目标和手段（波普诺，1999：214~215）。

2. 文化传递理论

文化传递理论认为越轨是一个人从所生活的社会环境中习得的。克利福特·肖和亨利·麦凯研究发现高犯罪率的地区，即使人口构成发生了几次大的改变，但越轨行为和高犯罪率依然如故。他们认为这些地区已经形成了一种越轨亚文化，新的居住者通过社会互动学习越轨行为。但是，即使在同一环境（包括已形成越轨亚文化的社区和组织）中，为什么有人越轨，有人遵从呢？针对这一问题，埃德文·萨瑟兰提出差异性联合理论，认为每个人都受到遵从和越轨的双重影响，与教唆越轨的人联系越密切，接触次数越多、频率越高、时间越长，接触时的年龄越小，产生越轨行为的可能性越大（波普诺，1999：205~207，215~216）。文化传递理论认为越轨行为是在情境中习得的，正所谓"近朱者赤，近墨者黑"，这要求学校社会工作者在处理学生的越轨行为或预防越轨行为发生时，注重儿童和青少年的群体亚文化和同侪压力，减少儿童和青少年暴露在不良情境中的可能性，协助其建立积极向上的群体亚文化。

3. 标签理论

"标签"概念首先由埃德温·莱默特提出，后由霍华德·贝克尔在《局外人：越轨的社会学研究》一书中加以发展。标签理论吸收了符号互动论的思想，从主观层面讨论越轨行为的形成，认为他人对个体行为的认定、评价和处置在越轨行为的形成过程中起着至关重要的作用（马向真，2004）。据此理论，教师、同学或家长等重要他人如果对学生随意贴上不良标签（如问题学生、小偷等），往往会在学生心里打上烙印，使学生不知不觉地内化不良标签，并开始修正自己的行为和形象以符合标签所代表的角色，此时，重要他人若继续"贴标签"，便会形成一种恶性循环，出现常说的"破罐子破摔"现象。因此，在处理学生越轨行为时，学校社会工作者需要避免随意对学生"贴标签"，也要协助老师、同学及家长减少先入为主和过早评判的行为。

（三）角色理论

"角色"本是戏剧中的名词，在 20 世纪 30 年代被引入社会学后，发展成为社会学的基本概念之一。角色指与人们的某种社会地位、身份相关的规范与行为模式。角色是对群体或社会中具有某一特定身份的人的行为所产生的期待，也是社会群体和社会组织的基础（波普诺，1999：97~99）。默顿认为任何社会地位都会牵涉一个以上的社会关系，这意味着社会中每个人都同时扮演着两种以上的角色，形成相互关联、相互补充的角色集（林胜义，1994：57）。当个人对角色缺乏领悟，或因为多种角色难以协调而导致角色实践受阻时，可能会出现角色冲突。一种是不同角色扮演者之间的冲突，例如学生与老师之间、学生与学生之间的冲突等。另一种是多种社会角色集于一人身上而产生的内部冲突。例如，某位女孩同时扮演着学生角色、同学角色、女儿角色等，老师要求她遵守纪律、提高学习成绩，同学鼓动她一起参与旷课、游玩等小团体活动，而家长期望她放学后能帮忙照顾年幼的弟弟，在这种情况下，这位女孩扮演的几种角色便会产生角色内冲突。

角色理论对于学校社会工作的意义在于两个方面。一方面，协助社会工作者运用角色的"广角镜"来分析学生问题的多面性和根源。儿童和青少年的困境很多时候与角色扮演，尤其是角色冲突有关，当无法满足老师和家长的角色期待或扮演的多种角色不协调时，儿童和青少年会感到焦虑、挫败或无所适从，出现的一些偏差行为也许是在同侪压力下做出的角色妥协。因此，社会工作者在制定服务方案和介入时不要忽视儿童和青少年所扮演的角色以及角色冲突所带来的影响。另一方面，社会工作者可以针对角色冲突等问题有针对性地开展有关角色知识和技能提升的活动，使学生学习和掌握角色扮演技术，通过戏剧的方式协助学生提高角色扮演能力。

（四）代沟理论

20 世纪 80 年代，代沟理论作为一种西方思潮流入我国（周怡，

1995）。在代沟理论的研究领域，美国学者玛格丽特·米德的观点具有代表性。年青一代和年长一代在行为方式、生活态度和价值观念等方面存在的差异、对立乃至冲突，被称为"代沟"。在《文化与承诺：一项有关代沟问题的研究》一书中，米德指出，代沟是一种普遍存在于不同时期、不同地区人类世代关系中的社会现象。从文化传递方式出发，她将人类文化分为前喻文化、并喻文化和后喻文化。前喻文化，是指晚辈主要向长辈学习；并喻文化，是指晚辈和长辈的学习都发生在同辈人之间；而后喻文化则是指长辈反过来向晚辈学习。在米德看来，新、老两代人之间实现心灵上的沟通是消减代沟的有效方式，尽管他们在行为方式、生活态度和价值观念等诸多方面存在着差异，但必须不断寻找相互间进行沟通的通道，共同创造出一种新型的后喻文化，长辈放弃用自己的年轻时代去推测、理解眼前的年轻人，年青一代则在文化传承的基础上尊重长辈并积极投入创造新时代的事业中（米德，1987：1、7、87、97~98）。

代沟问题虽然常常以不同世代个体间的矛盾与冲突表现出来，但其实际上与社会变迁和技术变革息息相关。改革开放以来，我国处于快速的社会转型期，尤其是以电子网络为代表的技术的迅猛发展，使得年长一代与年青一代之间的代沟问题凸显。代沟理论表明，代际的差异普遍存在，且与社会结构有关。作为年青一代，学生成长的时代背景和社会背景不同于长辈，其价值观、生活方式不可避免地带有其所属世代的烙印。年长一代不能依靠权威和压制进行单向的前喻文化输出，应试图理解代际隔阂和矛盾中的结构性因素，尊重世代差异和年青一代的独特性，与其进行平等沟通；反之，年青一代也需要尊重并理解年长一代，积极进行后喻文化输出。代沟理论为学校社会工作者处理师生关系、亲子关系提供了一个不同的分析角度和介入基础。

二　学校社会工作的心理学基础

心理学是一门研究行为及其背后的生理和认知过程的科学（韦登，

2017：15）。学校社会工作的服务对象是在校学生，这就决定了其服务的人群主要为青少年群体，尤其是在学校生活中遇到困境的青少年。学校社会工作的目标是改善校园生活环境并帮助学校达成其中心目标——提供一个学习和教育的良好环境，使得其中的儿童和青少年获得效能感、学会解决问题和做出决定，并且准备好为将来的继续学习承担责任并做出适应和改变（Allen-Meares，2015：6）。而青少年的成长一直是心理学领域关心的核心议题。开展学校中的青少年服务工作，需要熟悉青少年成长过程中不同阶段身心发展的特点，也要具备相应的知识去理解和解释青少年在学校生活中出现的各种心理和行为问题，更需要具备相应的技术和能力去协助青少年解决其遇到的困扰，陪伴和支持青少年实现自我认定和自我发展。这就决定了学校社会工作者需要具备一定的心理学知识，从而更好地为学校青少年服务。

为了将复杂的心理学知识体系与学校社会工作的服务内容相对应，本书从心理学的研究领域划分入手，选取其中与学校社会工作关联度较高的四个领域展开论述，分别为发展心理学、社会心理学、人格心理学和文化心理学。

（一）发展心理学

1. 主要观点

发展心理学研究个体从受精卵开始到出生、成熟直至衰老的生命全程（life-span）中心理发展的特点和规律（林崇德，2018：3）。人在其生命发展的不同年龄阶段，身心发展均具有相对应的内容和特点，发展心理学便是对一个人生命全程每个阶段的心理发展特点进行分析。该理论从生理、行为、语言和社会外部条件等四个方面，对人生发展各阶段的认知过程和社会性发展进行分析。不同的心理学流派对此四个方面的认识也存在差异。

（1）精神分析学派

该学派在发展心理学领域有代表性的是弗洛伊德和埃里克森的心理学观。弗洛伊德以心理性欲为基础，把人的力比多的发展分为五个阶段：口唇期（0~1岁）、肛门期（1~3岁）、前生殖器期（3~6岁）、潜伏期（6~11岁）和青春期（11岁或13岁开始）。埃里克森进一步发展了弗洛伊德的理论，将人的发展过程分析扩展到整个生命过程，并根据发展任务的不同，将人生划分为八个阶段：婴儿期（0~2岁）、儿童早期（2~4岁）、学前期（4~7岁）、学龄期（7~12岁）、青年期（12~18岁）、成年早期（18~25岁）、成年中期（25~50岁）、成年晚期（50岁至死亡）（林崇德，2018：36）。

（2）行为主义学派

该学派的核心观点是人生的发展即行为的发展，大部分心理现象都可以通过行为进行研究，其中以华生、斯金纳和班杜拉为代表。华生否认遗传的作用，强调心理发展的环境决定论，认为基于刺激（S）-反应（R）模式，可以通过控制外部环境塑造人的行为。斯金纳进一步发展了该理论，提出了操作条件反射理论，提出了行为的强化控制原理。班杜拉提出了社会学习理论，认为人的行为是通过观察学习的过程而在后天习得的。

（3）认知心理学派

该学派以皮亚杰的认知发展阶段论和科尔伯格的道德认知发展阶段论为代表。皮亚杰根据不同阶段的心理结构特点，将儿童心理或思维发展分为四个阶段：感知运算阶段（0~2岁）、前运算阶段（2~7岁）、具体运算阶段（7~12岁）和形式运算阶段（12~15岁）。在儿童的道德发展方面，皮亚杰在1930年出版的《儿童的道德判断》中，将其划分为四个阶段：自我中心阶段（2~5岁）、权威阶段（6~8岁）、可逆性阶段（8~10岁）、公正阶段（10~12岁）。科尔伯格则进一步提出了道德发展的三个水平和六个阶段：水平一，前习俗水平（0~9岁，包括：阶段1.以惩罚和服从为定向；阶段2.以相对功利为定向）；水平二，习俗水平（9~15岁，包括：阶段3.以"好孩子"为定向；阶段4.以遵从权威与维护社会秩序为定向）；水平三，后习俗水平（16岁以后，包括：阶段5.以社会契约为定向；阶段6.以普遍的伦理原则为定向）（姚本先，2018：243~245）。

2. 发展心理学与学校社会工作的关系

发展心理学领域的观点，为学校社会工作者理解青少年的成长过程和不同阶段青少年的发展特点提供了基本的理论支撑。学校社会工作的服务内容涉及协助学生完成学业任务、协助学生克服情绪困扰、协助学校开展学生的思想品德教育、协助学校开展学生的性教育等，这些工作都需要根据不同年龄段学生的心理发展特点而开展。

在协助学生完成学业任务方面，需要社会工作者熟练把握不同年龄段青少年的认知发展特点，采取合适的辅导策略，带领学生（尤其是学困生）找到符合自己心智结构特点的学习方法。面对青少年的情绪问题，尤其是青春期的问题，可以采取精神分析的策略，带领青少年进行自我分析，同时可以结合一些行为主义的策略，进行心理及行为调试。在品德培养方面，可以根据不同年龄段的青少年道德发展特点，设计符合其需求的课程和活动，按照发展阶段逐层培养学生的良好道德品质。

（二）社会心理学

1. 主要观点

作为一门探索社会因素如何影响人的心理和行为的科学，社会心理学可以解释现实生活中个体与群体社会行为背后的深层次原因（全国13所高等院校《社会心理学》编写组，2016：1）。作为社会学和心理学的交叉研究领域，心理学界和社会学界对其界定存在一定的差异。在心理学领域，社会心理学的定义为：对人的社会心理和社会行为规律进行系统研究的科学，具体是指，个体或群体在特定的社会文化环境中对社会规范、群体压力、自我暗示、他人要求等社会影响所做出的内隐的和外显的反应（全国13所高等院校《社会心理学》编写组，2016：5）。在社会心理学的发展过程中，精神分析理论、社会学习理论和社会认知理论奠定了该领域的主要理论基础。

（1）精神分析理论

在精神分析领域，阿德勒（A. Adler）、霍妮（K. Horney）和弗洛姆（E. Fromm）进一步发展了弗洛伊德的古典精神分析理论，其理论被称为"精神分析中的社会心理学理论"（Schultz and Schultz，2014）。阿德勒（2016：5）强调生活对人的意义，个体需要在与他人的联系中生活，他指出"自我生活在与他人的联系中，假如自我将自己孤立，必将自取灭亡"。霍妮（2010）以对神经症的分析为基础，强调社会文化对社会心理的重要影响。弗洛姆（1986：129）所探讨的问题聚焦在人和社会的关系上，认为人的个性化是在复杂的社会关系中实现的。他提出了"逃避自由"和"理解个体的无意识必须以批判地分析他所在的那个社会为前提"。

（2）社会学习理论

班杜拉（A. Bandura）是社会学习理论的创始人之一，他将行为主义的研究原则扩大到两个人和群体情境中个体行为的习得和改变上来。他认为，强化只是促进学习的因素，而不是引起学习的因素，个体在模仿学习之前就已经具备了反应能力，认知因素在行为的学习过程中发挥着重要作用。社会学习理论注重认知过程作为中介变量的作用，从而也突出了观察者的主观能动性，对儿童的社会化、行为矫正、观察学习、自我调节等研究领域做出了贡献（全国13所高等院校《社会心理学》编写组，2016：37）。

（3）社会认知理论

社会认知理论主要来源于心理学理论中的格式塔（Gestalt）学派和勒温（K. Lewin）的场论。格式塔心理学主要关注人的知觉研究，认为知觉具有整体性，观察者总是倾向于完整地观察对象。勒温则将格式塔心理学派对知觉结构的关注转移到人的行为结构上来，从而提出了个体的张力系统和心理环境之间的相互作用命题。勒温的"场论"认为，人的行为是人和情境复杂作用的产物。个体需要会引起外部环境之间的张力，只有需要得到满足，张力才会消除。这一观点成为各种认知协调或不协调理论的思想基础（全国13所高等院校《社会心理学》编写组，2016：37）。

2. 社会心理学与学校社会工作的关系

社会心理学知识在学校社会工作中应用非常广泛，因其与社会工作者秉持的"人在情境中"的专业理念高度一致，在理解学校青少年的群体心理和群体行为中具有重要意义。在学校社会工作的社会互动模式中，利用精神分析学派的社会心理学理论，可以更清晰地呈现社会和学校的外部规范是如何转化为学生的自我潜意识，并在其身上发挥作用的。利用社会学习理论，可以通过塑造学生中的榜样，树立良好的学风，利用同伴群体的影响，发挥学生群体的社会促进作用，从而实现更高效的认知和行为塑造。

在学校社会工作的服务过程中，社会心理学的相关理论可以广泛应用于帮助学生协调人际关系、帮助特殊家庭的学生适应学校环境、帮助学校制止和防范校园欺凌现象的发生。具体而言，社会工作者可以运用社会心理学的人际关系理论处理学校中的师生关系、同学关系、异性关系和亲子关系。运用社会心理学中社会认知、社会态度和自我意识的相关理论帮助特殊的青少年群体形成良好的自我意识和社会认知，从而树立其在校园生活中的自信。运用社会心理学中人际关系、人际沟通、侵犯和利他、群体心理的相关知识，提升学生的人际沟通能力，从源头上解决校园欺凌问题。

（三）人格心理学

1. 主要观点

人格（personality）是一组持久而独特的个人特性之集合，它可以因情境之不同而变化（Schultz and Schultz，2014）。我国心理学家黄希庭认为：人格是个体在行为上的内部倾向，它表现为个体适应环境时，在能力、情绪、需要、动机、兴趣、态度、价值观、气质、性格和体质等方面的整合，是具有动力一致性和连续性的自我，是个体在社会化过程中形成的给人以特色的心身组织（黄希庭，2002：8）。因该领域涉及个体成长的多个层面，人格心理学相关理论体系也相对庞大和复杂，在Duane Schultz 和 Sydney Ellen Schultz 合著的《人格理论》中，便梳理了古典心理分析理论、新心理分析取向、特质论取向、生命周期取向、人本主义取向、认知取向、行为主义取向和社会学习取向。其中多个流派在前文已进行过论述，本部分将重点介绍人格心理学领域的特质论取向和人本主义取向。

（1）特质论取向

特质论取向以奥尔波特（Gordon Allport）和卡特尔（Raymond Cattell）为代表，其中奥尔波特也被认为是人本主义取向的创始者。奥尔波特认为，特质是人格的构造单位。特质具有相对持久性和动力性，能引导行为，并造成行为的一贯性，是个体独特性的来源。奥尔波特尤其强调，特质本身而不是环境因素决定着行为。每个人都具有三种类型的特质：根本特质、核心特质、次要特质。他假定存在一个人格组织者，叫作"统我"，统我不是生来就有的，而是逐渐发展起来的。奥尔波特用从婴儿到青春期的七个阶段来描述统我的本质和发展，这七个阶段分别为：身体的自我、自我认同、自尊、自我的扩展、自我意象、自我是理性处理者、统我的努力（Schultz and Schultz，1997：256-257）。由奥尔波特的理论看，这七个阶段之间，既存在一定的时间线性延续，又存在一定的交叉渗透。一个人的成长过程，也便是一个统整的自我的形成过程。

卡特尔认为，每个人都具有 16 种根源特质：乐群性、聪慧性、情绪稳定性、恃强性、兴奋性、有恒性、敢为性、敏感性、怀疑性、幻想性、世故性、忧虑性、激进性、独立性、自律性、紧张性（姚本先，2018：198）。但是，每个人的人格特质存在一定量的差异，正是由于这种一定量的差异，个体之间才表现出人格结构上的差异。卡特尔对于人类的人格发展提出六个阶段，分别是婴幼期（0~6 岁）、儿童期（6~14 岁）、青春期（14~23 岁）、成熟期（23~50 岁）、成熟晚期（50~65 岁）和老年期（65 岁以上）（Schultz and Schultz，1997：281-282）。

（2）人本主义取向

人本主义是一个强调人类特性，尤其是自由与个人发展的理论方向，其代表人物为卡尔·罗杰斯（Carl Rogers）和亚伯拉罕·马斯洛（Abraham Maslow），他们强调人类的智力、欲望、自由意志存在于个体的潜能里，表现出一个乐观有希望的人性意象，描绘出有活力且朝向成长与自我实现的人性。

罗杰斯认为，自我都被实现、维持及增强自我的倾向所激发，这种天生倾向是自我唯一的、基本的人类需要，它包含所有的生理及心理需求。当自我出现后，小孩就会发展出一种需求，这种需求就是"积极关怀"（positive regard），自我概念来自对别人态度的内化（Schultz and Schultz，1997：375-379）。根据罗杰斯的理论，一个人的发展目标，就是要成为一个"功能充分发挥者，借由对个体的积极的无条件关怀，可以促进个体潜能的充分发挥，从而实现个体功能的充分发挥"。

马斯洛对人本主义取向的贡献在于，他提出了人类需求的层次理论，并将自我实现确定为人们潜能和能力的极致及理想状态，同时，他也指出了达到自我实现的四个必要条件。马斯洛同时指出了无法达到自我实现的原因，他认为教育不足及错误的孩童养育方法会挫败自我实现。自我实现也需要勇气，即使较低层次的需要已经获得满足，个体也不可以被动地等待自我实现的目标自动出现，个体需要付出、训练和自我控制。

2. 人格心理学理论与学校社会工作的关系

青少年的个性发展与品德培养，归根结底是其人格发展和完善的过程。而学校是青少年成长的重要场域，在学生的人格形成过程中发挥着举足轻重的作用。本部分所列的特质论和人本主义，都与社会工作的发展有着非常紧密的联系。

人本主义的创始人和特质论的代表奥尔波特，其本人是由社会工作领域转向心理学领域的，其理论内容也契合社会工作领域的专业实践。作为一名哈佛大学社会伦理学专业的学生，奥尔波特有机会经历美国社会工作状态的转变过程（姜兆萍，2015：3）。他通过将当时新出现的特质类型纳入社会工作，使美国社会工作走上了科学化历程。玛丽·里奇蒙德在《什么是社会个案工作》一书中指出，"尽我所能对社会生活环境调查做最宽泛的概括，它的理论、目标、最大量使用的实践最近这些年似乎都趋向一个中心思想，即人格的发展"（姜兆萍，2015：3）。

马斯洛和罗杰斯所发展出的人本主义人格理论在学校社会工作领域

也获得了广泛的应用，尤其是其中关于"自我实现"的理念和"无条件积极关注"的态度，对于开展青少年服务有着非常重要的指导意义。在学校社会工作中，特别强调以学生为中心，这种理念和方法便源于罗杰斯在人本主义心理治疗中的"来访者中心模式"。学校社会工作特别强调尊重学生的个性和潜能，这种优势视角理念从根本上也是源自人本主义心理学对人性潜能的基本假设。

从具体的应用范围看，在学校社会工作中的学生学习动机激发、学生的自我发展和探索、生命潜能挖掘和职业生涯规划方面，人本主义的人格理论都能从个体心理发展的角度给予社会工作者以专业的视野和方法的指导。

（四）文化心理学

1. 主要观点

文化心理学是 20 世纪末兴起的心理学新取向，它的兴起在很大程度上是为了消除主流心理学所存在的"重视物性、忽视人性；重经验理性、轻文化研究；重客观性的绝对真理、忽视知识的建构性；强调心理的自然科学性，忽视其人文科学性"等诸多问题（李炳全、叶浩生，2005）。文化心理学在中国于 2000 年左右掀起了短暂的热潮，如昙花一现，又迅速淹没在了科学心理学的宏大主流浪潮中。然而，文化心理学就其发展渊源而言，并不是一个新生事物。早在冯特（W. Wundt）创建科学心理学的时代，冯特本人就对心理学的领域做了大致的二分。一个是个体心理学或曰实验心理学；另一个是民族心理学，即所谓"第二心理学"，研究的是人类心理更靠近文化一端的内容（高觉敷，1982）。但是，随着后来科学心理学的广泛发展，"第二心理学"逐渐式微。根据"第二心理学"的研究范式，很难指望其得出普适性的结论，因为高级的心理过程是受文化塑造的，在不同的社会中，这些心理过程会有不同的表现（Cole，1998）。文化心理学便属于"第二心理学"的范畴，这个概念在心理学领域最早由 Devos 和 Hippler 于 1969 年提出来。但是在人类学领域，早在 20 世纪 20 年代，《文化的心理学：课程讲义》一书便提出了这个概念（Sapir and Irvine，1994）。

从文化心理学的发展历程来看，确实涉及多个学科的相关研究内容，成为"许多数不清路数的人文知识和心理学的重新结合"。从其研究内容来看，可以包容跨文化心理学、心理人类学、民族心理学、普通心理学、文化人类学的各类相关研究。关于其概念的定义，较为权威的说法是"文化心理学研究文化传统和社会实践如何规范、表达、改造、变更人类的心理，即文化对人的心理和行为的影响、塑造"（Shweder，1990）。随着文化心理学的发展，其包含的研究内容也越来越具体和明确，其目标在于"检视在身体与情感功能、自我建构、道德评价、社会认知和人类发展等方面存在心理差异的种族和文化渊源"（Shweder and Sullivan，1993）。

由于文化心理学在心理学领域的发展时间较短，且一直未能成为研究的主流，因此，其在现有的心理学学术建制中还算不上是一门"学科"，而比较像是一种"学说"。具体的证据是：即使在美国学界，至今也还没出现一本适合作为大学本科教科书的"文化心理学概论"之类的著作，所以，就学科而言，它顶多是个"发展中"的学科（Bruner，2018：8）。直到现在，文化心理学仍然是一个边界不清晰的新兴的研究领域。在文化心理学内部，心理学、人类学、社会学、传播学的研究取向同时存在、兼容并包。要系统阐述文化心理学的理论脉络并不容易，但考虑到文化心理学与学校社会工作的紧密关系，本部分还是将文化心理学作为一个独立的领域进行论述，并援引其中对学校教育有重要影响的两位思想家维果斯基（Lev Semionovich Vygotsky）和布鲁纳（Jerome Bruner）作为该理论体系的代表。

（1）维果斯基的文化心理学观念

在 20 世纪 20 年代中期至 30 年代，苏联形成以维果斯基及其同事和学生为代表的社会文化历史学派，他们对人类的高级心理功能进行了长期的研究，反对西方心理学中排斥人的意识的研究倾向。他们认为，人的心理的高级功能，并不是人作为生物体所固有的，人类的心理历程具有一个文化中介（钟年、彭凯平，2005）。

维果斯基的研究主要基于以下两种观点。首先，他认为只有在儿童经历的历史和文化背景下理解儿童的发展才有意义；其次，他认为发展依赖于随着个体成长而形成的符号系统（sign systems）。这种符号是文化所创造的，用于帮助人们思考、交流以及解决问题（Slavin，2016：39）。维果斯基的核心理念在于，孩子们被自然赋予的心理过程是通过对语言和符号的学习而后天获得的。通过语言孩子们获得了一种充分反映现实的世界观。学校教育是孩子们创造新的意义世界的驱动力。由于不同文化背景下的意义系统和学校系统的差异性，生活在不同文化背景下的孩子和成人会有不一样的思维方式。维果斯基还提出了"最近发展区"（zone of proximal development）的概念，强调了教师和同伴群体的作用。他认为，不同文化背景下的儿童，虽然具有相似的智力潜能，但他们最终却发展出了存在根本差异的思维方式。

（2）布鲁纳的文化心理学思想

布鲁纳是一位对心理学和教育学均做出重要贡献的思想家，他作为心理学领域"第一次认知革命"的代表，用认知、思维和心智的心理学研究逐渐取代了行为主义的"非心灵论"。但是，他在享誉三十年之后，从根本上转向了社会历史文化心理学，参与了"第二次认知革命"，即文化论在人的科学之中的发展，发展出"文化心理学"（Bruner，2018：14）。论述学派的大师哈瑞（Rom Harré）曾说，这是个"很令人欣喜的讽刺"——"布鲁纳是曾参与第一次认知革命的建筑师，但却也是第二次认知革命中最活跃的分子和最具原创性的发言人之一"（Harré，1992）。

布鲁纳在回顾自己的研究范式转变时提出，对于人类心灵本性的理解发生改变，是源于对心灵如何起作用的两种迥异的理解。一种理解的基本假设是，心灵可以被视为一种计算性（computational）的机械装置；另一种理解则认为，心灵的构造和现实都是透过人类文化起作用。后一种观点认为，心灵要是不通过文化，就根本不可能生存下来。因为人类的心灵和一种生活方式的发展紧紧相连，在其中，现实经由一种符号构成（symbolism）而再现（represented），而这种符号构成又是由一个文化社群的成员所共同分享的，他们必须透过这种符号构成来组织和构想他们的社会生活。在这种意义下，文化乃是超有机体（superorganic），但它也一样会塑造各个个体的心灵（Bruner，2018：39-42）。

2. 文化心理学与学校社会工作的关系

学校社会工作特别强调专业社会工作者的文化敏感性，要充分理解时代文化、地域文化、校园文化和同辈群体亚文化对学生群体心理和行为的影响。儿童在进入学校学习时，他们已经汲取了其成长环境中的各方面文化，比如语言、态度、价值观念、行为方式和饮食偏好等。尤其在我国当前人口流动加剧的背景下，教育公平化使不同社会经济地位和文化背景家庭中的孩子有机会进入同一个班级学习，这些孩子在课堂适应方面显然是存在差异的。然而，学校文化反映的是主流的中产阶级价值观，且大部分教师都来自中产阶级家庭，因此，那些来自不同文化背景的儿童可能会处于不利地位（Slavin，2016：75）。因此，学校社会工作者作为一支重要的力量，需要具备文化心理学的相关知识，以更为敏锐的文化视角了解孩子们在文化适应与学习方面所遇到的问题，以更有效地帮助他们适应校园生活。考虑到教育理念和校园文化对学生成长的重要影响，学校社会工作者应积极介入学校文化环境的塑造，按照维果斯基的"最近发展区"理念，不仅需要发挥老师的引导作用，更要创造有利于学生之间互助学习的校园文化，促进学生之间的交流与合作，促进合作学习。

文化心理学对学校社会工作的影响，突出表现为强调学校在学生自我塑造方面所发挥的作用。既然学校教育是一个人在家庭生活之外最早投入的社会体制，那么它必然会在形塑个体自我的过程中发挥重要的作用。学校的价值标准、行为规范、老师的评价、同辈群体的观念都会成为青少年在自我认定中的标的，并逐渐内化为个体的自我认知和内在规范。学校社会工作者应该有相应的能力察觉这样一个文化体制和文化心理之间的互为主体的过程，从更为全面的视角和更深的层次帮助处于困境的青少年。

社会工作自其发展之初，便与心理学建立了密切的联系，对于以处于身心发展关键期的青少年学生为服务对象的学校社会工作，心理学知识的运用就更是必不可少。但由于心理学走上科学化和专业化的发展道路后，其研究分支越来越多，知识体系越来越庞大，尤其是当代主流心理学领域的定量化、科学化、实验化的发展，更是让社会工作者望而却步。本书梳理了心理学知识体系中与学校社会工作密切相关的重要领域，提炼其关键理念，并梳理了相应领域的心理学知识在学校社会工作中的应用。但由于篇幅限制，本书并未对学校社会工作实践中具体的心理辅导和治疗的技术进行说明，希望在之后的研究中进行具体讨论。

三　西方教育学视野中的学校社会工作理论

学校社会工作在发达国家和地区已经成为一项专业化的社会事业，是一门教育学与社会工作学交叉的学科。从起源上来看，英美等西方国家早在 20 世纪初就开始结合教育与社会福利两种制度发展学校社会工作，创建了家庭、学校与社区相互结合的学校社会工作（文军，2003）。学校社会工作的主要工作环境是学校，但并不局限于学校场域，亦会接触学校之外的环境，比如家庭、社区、政府部门以及其他社会组织。可见，学校社会工作的开展与学校教育的发展息息相关，亦同样深受教育理论的影响与建构。

（一）生活教育理论

1.生活教育理论的基本观点

19 世纪一直流行的是殖民时期沿袭下来的旧教育，且当时的赫尔巴特教学法渐渐趋于僵化，这让学校教育缺乏生机。美国实用主义教育家杜威提倡从儿童的天性出发，促进儿童的个性发展，提出"学校即社会""教育即生活"的生活教育理念。杜威认为只有通过共同生活情境中的要求来对儿童的能力提出挑战的教育，才是唯一真实的教育。他进一步指出，需要接受教育的个体是社会性的存在，社会是许多个体的有机结合（杜威，2017：1~3）。儿童的生活是一个整体，但是当儿童进入学校时，这种整体性被切割了，以致儿童与外在的生活世界割裂。不仅如此，在学校里，学习的材料也被分类，形成各种独立的课程，这将完整的经验割裂开来。要想对儿童的经验进行统整，就必须使其回归社会中参加真实的生活，锻造经验、改造经验，从而获得身心的成长。

2. 生活教育理论与学校社会工作

根据生活教育相关的理论，学校社会工作可以得到以下几点启示。首先，学校社会工作者需要引导儿童积极自愿地投入活动，让儿童从活动中不知不觉地养成良好品德和获得知识，实现生活、生长和经验的改造。其次，既然学校生活是一种简化的社会生活，那么学校社会工作者应当有所侧重地组织和营造儿童在家庭里已经熟悉的活动和环境。学校社会工作者的任务之一即深化和拓展儿童与家庭生活相关的价值观念。最后，学校社会工作者可以多关注儿童和学校之外的社会，开展有益于儿童、学校和社会相互连接的活动，增进学校教育与社会之间的关系。

（二）学生文化理论

1. 学生文化理论的基本观点

有关学生文化的研究非常多，大概可以分为文化元素、文化归类、适应理论、阶级抗拒理论与文化生态理论等五类研究（黄鸿文，2003：16）。黄鸿文（2003）指出，第一类，文化元素研究，主要是将文化视为许多分离元素的总和。Coleman 研究了美国 Illinois 十所中学的青少年文化，并指出学生文化主要包括活动与喜好、价值与态度等元素。在活动与喜好方面，他主要调查了学生喜好的休闲活动、爱听的音乐、喜爱的歌手、看电视的时间、做家庭作业的时间等；在价值与态度方面，他指出学生所欣赏与效仿的学生的特质可以显示学生的价值取向，学生会努力获得这些为人欣赏与崇拜的特质，以获得社会酬赏。第二类，文化归类研究，即 Clark 与 Trow 将学生文化做了分类，主要分为学术型文化、社交型文化、不顺从型文化和职业型文化。其中，学术型文化的学生重视学术与知识，认真上课、努力研究、成绩优异、认同学校、喜爱社团；社交型文化的学生忽视学业、热衷互动与社交、对学校生活颇为不满；不顺从型文化的学生肯定知识、积极求学、批判学校与社会、重视自我；职业型文化的学生则认为大学只是获得文凭的职业预备场所，对学业和活动都不感兴趣。第三类，适应理论研究，将文化视为环境适应的反应与结果，学生文化成为学生适应学校环境所形成的概念与行动。第四类，阶级抗拒理论研究，认为学校成员的背景不同，因此学生文化通常会反映不同社会群体的文化，整体社会中的文化冲突与对抗也会在学校中产生。Willis（1977）以学生为对象的批判民族志研究为阶级抗拒理论提供了较为完整的解释，亦是阶级抗拒理论的经典。他指出，学生的反学校文化源于劳工阶级文化，是社会阶级的再制，他特别强调学生个体具有创造性与自主性，但是依然逃不出"命定的未来"。第五类，文化生态理论研究，主要解释了弱势族群学生的学校表现（黄鸿文，2003；黄鸿文，2011）。

2. 学生文化理论与学校社会工作

学生一直是学校社会工作的基本服务对象和工作范畴。在有关学生的教育理论中，学生文化理论对学校社会工作的开展和建设具有重要的作用。首先，根据相关的学生文化理论与研究，学校社会工作者可以对学生有不同的把握和了解，对那些"有各种困难的学生"，比如学习困难者以及有生活适应问题、抗拒行为和各种人际关系问题等的学生，学校社会工作者可以运用学生文化的相关理论进行分析，对学生文化不同视角的阐释，有利于学校社会工作者看到不同面向对学生的看法，并寻求解决问题的新视角，制定符合教育规律的解决方案。其次，有了学生文化理论的支撑，学校社会工作者可在依据不同理论拓展自己视野的同时，建立丰富的学生资料库，以寻求制度化的问题解决良方。

（三）"再生产"理论

1. "再生产"理论的基本观点

1971 年，Michael Young 主编的《知识与控制》（*Knowledge and Control*）一书中的有些论文引起了相当大的争议，因为这本书是教育社会学的一个转折点，Young 的理论被人称为"知识社会学"。Young 在书中声称学校知识是权力关系的产物，学校所教授的知识是阶级统治的产物。此外，S.Bowles 和 H.Gintis 提出了社会再制理论，指出教育是为资本主义服务的。他们提出的符应原则指社会的劳动分工和阶级关系映射到教育中，而教育中的各种社会关系也体现了社会中的分工及等级关系。Moore Robert 指出，这一符应是"直接再制"，充满了"决定论"的意味（Moore，1988）。Bourdieu 与 Passeron 在 1977 年提出文化再制理论，他们认为再制与符应现象的产生源于文化资本，尤其是语言、文字以及生活习惯进行的社会控制。透过文化资本的中介，学校教育成为社会再制的机制（布迪厄，1992：423~447）。 这一论述对教育体制的保守进行了毫不保留的批判。同年，Paul Willis 出版了 *Learning to Labour*（《学做工》），这是一本新马克思主义人种学著作，讲述了工人阶级青年对学校教育的抵制。这些研究几乎都是关于教育的不平等以及人们寻求抵抗空间的探索，这些研究成果指出 20 世纪 70 年代的研究呈现了学校在不平等的再生产中扮演着被动的角色，即再制了社会的不平等。它们或延续"再制论"的二元对立范式，或进入"决定论"的旋涡，乃是较为激进的批判研究。鉴于此，1982 年 Michael W.Apple 出版 *Education and Power*（《教育与权力》），目的就在于纠正再制理论的缺点，并指出阶级再制并不一定是成功的。但 Apple 依然是支持权力对教育的控制这一观念的。可见，这些研究的盛行开启了教育社会学研究的新纪元，但同样也带来一些问题。Hugh Lauder 等指出，激进的转变使教育社会学研究与政策制定分离，也让研究者看到了教育社会学家与政策制定者之间根本利益的不同，该学科中许多研究领域假设的根本性质已经破坏了教育者与决策者的关系。教育的激进社会学也使其与教师的关系出现问题，因为教育不平等的争论所得出的决定论的结论使教师们陷入了困境，这意味着他们无法改变现状（即教育再制）（Lauder et al.，2009）。

到了 20 世纪初期，A.Lareau 在研究中细腻而有力地描绘的"协作培养"（concerted cultivation）和"成就自然成长"（accomplishment of natural growth）的家庭教养理论成为家庭社会阶级之影响的经典。她将考量的对象一分为二：工人阶级和贫困家庭教养孩子是"成就自然成长"；与之相对，中产阶级教养孩子是"协作培养"，即中产阶级的父母通过有组织的休闲活动和广泛的推理引导来培养孩子的才能，从而进行协调一致的培养。中产阶级协作培养的孩子在课外有名目繁多的活动，大多跟亲戚保持着友好而客气的关系，家长跟孩子讨论问题时词汇量大，慢条斯理地说理，与教育机构打交道时很强势，常为孩子争取利益（Lareau，2022）。但是也有人对 Lareau 的研究并不是那么认同，其中 Kimberly 等（2008）以美国 500 个双职工家庭为采集样本，探究"文化生活方式的选择与占主导地位的中产阶级父母的教养方式是否一致"的问题，最终得出的结论是"中产阶级家庭教养的优势传递被夸大了"，但是作者也没有完全否定 Lareau 的研究，而且发现中产阶级家庭成员很少一起在家务上花费时间，这是为了让孩子有更多的时间投入课外活动中。家庭社会阶级的影响不仅表现在家庭教养方式上，而且进一步贯穿在学生的各个教育阶段的文化适应方面。Reay 等（2009）将"高等教育的劳工阶级学生"比喻成"离开水的鱼"，他点出个体历史对于惯习的影响，并阐述了个体在精英学校环境下所遇到的种种不适应，并透过反思过程来进行调适。但是这些劳工阶级的学生在进行"大学的选择"的过程中，远不如中产阶级学生会规划，他们进入大学是机缘巧合，而且学校的制度在其形成高等教育成就感时发挥相对较小的作用，对他们而言，个别教师反倒对他们产生了非常大的影响。这些劳工阶级的学生，在精英高等教育中感受到"不适应"，但是同时也发展出一套适应和自我调节的方式，并努力顺从与接受中产阶级教育规范。在某种程度上他们保留了劳工阶级的某些重要的价值，同时也在积极适应中产阶级的价值和规范。

此外，伯恩斯坦的学校参与理论按照家庭是否理解学校的表意性秩序和工具性秩序的传递方法以及目的，将家庭参与分为五类：承诺型、隔阂型、规训型、生疏型和疏离型。同时分析了不同参与类型对学生学校参与的影响，他的这一分类对于笔者了解学生的行为和家庭参与的影响具有重要的价值。值得一提的是，伯恩斯坦与以往的"再生产"研究者不同，他并没有将家庭的社会阶级作为优先考虑的因素，而是从学校出发进行阐释（胡雪龙，2017）。

2.“再生产”理论与学校社会工作

学生在学校或在其他场域遇到的很多问题都与家庭社会阶级有关，若学校社会工作者能够了解和把握学校教育“再生产”相关理论，洞察和敏锐发现服务对象的困境与难题，则能更好地开展助人工作，制定将学校教育与社区、家庭之间的关系纳入考量的综合助人方案。首先，学校社会工作者应多关注服务对象的社会阶层处境，从教育视角切入，仔细考察服务对象所面临的困境和难题。其次，学校社会工作者要了解家庭教养模式、家庭参与类型对学校教育的影响。因为不同的家庭教养模式和家庭参与类型与孩子的学业成就、行为、喜好等息息相关。最后，在行动面向方面，学校社会工作者可以对促进教育流动进行一些干预，比如可以针对学生的家庭情况建立档案资料，这些资料将成为制定解决方案，甚至完善教育政策的重要依据。

（四）多元文化教育理论

1. 多元文化教育理论的基本观点

“多元文化教育”是一个复杂的概念，它牵涉的范围很广，学者对它的界定也不尽相同。Banks 是美国最早提倡多元文化教育的学者之一，他认为多元文化教育是一种概念，是一种教育改革运动，也是一种过程，其目的在于改变学校的文化与结构，使不同文化背景的学生在学校中都有公平的学习机会。Banks 指出，多元文化教育作为学校改革的引导，主要包括内容的统整、知识建构的过程、降低偏见、均等的教学、增能学生的学校文化五个面向。内容的统整，即老师在任教过程中，透过各种文化和族群的例子和内容，来说明重要的概念、原则等，要积极统整多民族的文化内容。知识建构的过程，即在帮助学生了解、探讨、做决定时，看见学科中内隐的文化假定、偏见等如何影响知识的建构。降低偏见，即帮助不同的种族、民族与文化群体发展出正向的态度。均等的教学，即每个学科的老师都可以分析其教学的过程和方式，以了解它们反映多元文化议题的程度，当老师修正其教学从而提高不同种族、民族、性别和社会阶级的学生的学业成就时，均等的教学就存在了。增能学生的学校文化，即形成性别、种族、社会阶级均等的学校文化与组织，学校的文化和组织必须由学校全体教职人员来验证（Banks，2004）。

一般而言，学界多认为，弱势学生的学习成绩差是学校的主流文化与学生的母文化产生断层所致，而这些差异时常表现在学习形态、语言使用与行为规范等方面，所以教师应该了解学生行为所显示的文化意涵，避免用主流文化的标准来评判学生的学习行为，并应该以学生熟悉的母文化为中介，以基于母文化而产生的学习模式为鹰架，建立文化协调的学习情境，实施适性教学，由此衍生出教师的文化回应教学之理论（刘美慧，2016：222）。Gay（2000）指出，文化回应教学包含六项特质，即有效的、全面性的、多层面的、增能的、转型和解放的。

2. 多元文化教育理论与学校社会工作

多元文化教育理论以其尊重差异、揭露冲突和展演共存的特点，为学校社会工作的开展提供了方向。首先，尊重差异，学校社会工作者要看到不同学生之特色，并了解差异的本质和形成方式，开展适合其文化特点的活动。其次，揭露冲突，要关注差异背后的矛盾与冲突，并进行揭露。再次，在了解差异的基础上，明确差异共存的机制。最后，多元文化教育理论所强调的文化回应教学不仅是对教育工作者的要求，亦是对学校社会工作者的要求，即建立包容、发展态度、提升意义以及培养能力。建立包容，即营造民主尊重的学习环境；发展态度，即强调文化与学习的连接；提升意义，即鼓励进行真实性的学习；培养能力，即进行多元化的评量（Wlodkowski and Ginsberg，1995）。

四　社会工作理论视野中的学校社会工作

学校社会工作是运用社会工作的理论与方法，在学校领域提供相关专业服务，旨在回应学生或学校的服务需求，解决其所遇到的问题，调整个人、家庭、学校和社区之间的互动关系，发挥学生的潜能和学校、家庭及社区的教育功能，进而促进学生的健康成长与发展的专业性服务工作（顾朝曦等，2019）。因此，学校社会工作在专业服务中关注个人与环境之间的互动关系，反对个体的病理化归因，强调服务对象的潜能与优势，以及有针对性地提供专业服务。理论对社会工作专业服务与实践有指导、预测与解释的作用（Payne，2014），在学校社会工作中，生态系统理论、增权理论、任务中心模式和优势视角应用较为广泛，而且在实务运用中都具有较高的兼容度。

（一）生态系统理论

1. 生态系统理论的基本观点

"生态"这个词是由学者 Ernst Haeckel 在 1868 年首次提出的，是指自然界有机体之间的相互依赖（Ungar，2002）。生态系统理论则发展于 20 世纪 70 年代，对社会工作的服务与实践产生了非常深远的影响。在早期的社会工作服务与实践中，心理动力理论处于重要位置，但其过于聚焦个人因素，忽视了环境对个人的影响，主要强调服务对象的个体病理化归因。生态系统理论反对问题与病理观点，主张在系统理论中引入生态视角，关注环境中的个人、家庭、社区之间的交互作用，进而协助服务对象更好地适应环境，促进人与环境的协调发展（Payne，2014）。回顾生态系统理论的发展历史，20 世纪 70 年代，Pincus 和 Minahan（1973）以及 Goldstein（1973）等开始在社会工作中使用一般系统理论，生态视角作为系统理论的一种重要形式，由 Gitterman 和 Germain 带入社会工作实践中，其观点深受 Bronfenbrenner 相关理论的影响（Gitterman and Germain,2008; Gitterman，2017；Teater，2014）。Bronfenbrenner 提出人的行为发展是个人与环境持续交互作用的过程，并构建了历程—个人—环境—时间模型（Process-Person-Context-Time Model），关注影响个人发展的不同因素之间的动态关系。其中，历程包括直接历程和间接历程；个人涉及信念、目的、动机等；环境则是指个人生活的具体的环境脉络；时间是指年龄、世代等（Bronfenbrenner，1995；Bronfenbrenner and Morris，2006）。在人与环境持续互动的过程中，涉及生态交流、互惠活动、环境层级和巢穴结构等的影响，当个人在栖息地缺乏资源或存在诸多限制时，则会出现环境适应不良等问题（白倩如等，2018）。Gitterman 和 Germain（2008）在生态系统理论的基础上构建了生命模型，提出个人与环境之间是相互依赖、依存的关系。在生命的历程中，个人可能会经历转变、适应等过程，个人与环境的适应度是极其重要的，若缺乏资源，适应度较低，则会影响个人的健康发展。虽然生态系统理论存在着不同的学术观点，但总的来说有其相似性，具体而言：第一，都强调人与环境的交互关系与作用；第二，坚持生态系统的视角，注重关系网络的生态性、系统性和结构性，反对问题病理归因和简单的线性关系；第三，具有增权取向的观点，关注人的能力、优势资源，以及人与环境的交互适应等（Gitterman，2017；Payne，2014；Teater，2014）。

2. 生态系统理论在实务中的运用

生态系统理论相信人有能力与环境进行互动，理解人的需求和困境，需要聚焦于人与环境之间的互动关系，人与环境之间的关系是互惠的、相互影响的（Payne，2014）。通过对文献的梳理，可以发现生态系统理论中主要存在着几种不同的理论观点与实务模式，比如批判主义、女性主义等，其中生命模型是综融性比较强的，是生态系统理论中主要的理论架构，对社会工作服务与实践有重要的指导意义（郑丽珍，2012：217~240；Payne，2014）。生命模型聚焦于提高个人的适应度，通过利用个人与环境网络中的资源，帮助个人应对生活压力源及其影响，进而回应个人的需求，促进个人的发展（Teater，2014）。这些资源包括关系、效能、能力、自我观念、自尊和自我引导等（Payne，2014）。生命模型以生命历程为基础，生命历程亦会受到不同环境的影响（Gitterman，2017；Teater，2014）。基于生命模型的具体实务过程包括三个阶段，即初始阶段、持续阶段和结束阶段。初始阶段的目标主要是准备与开始。在这一阶段，主要内容包括建立专业关系、资料收集、个人与环境适应度评估等。持续阶段是整个实务过程中的核心阶段，需要结合服务对象的实际需求，利用服务对象和环境网络中的资源，提高服务对象与所处环境之间的适应度，进而解决问题。结束阶段的主要目标是协助服务对象进行总结，讨论服务的收获，处理结案的情绪与感受，并为未来做好相关准备（Gitterman and Germain，2008；Payne，2014；Teater，2014）。在整个实务过程中，要相信服务对象的能力、优势等，坚持增权、优势视角，运用生态系统的视角去解读个人与环境的交互作用。

3. 生态系统理论与学校社会工作

生态系统理论是学校社会工作的重要理论基础，契合学校社会工作的服务与实践需求，有助于考察学校社会工作的服务设计以及确定服务介入的目标（Allen-Meares，2014）。生态系统理论提供了一个整合式的视角，具有综融性和折中性的实务风格，对于学校社会工作的服务与实践有着十分重要的指导意义。第一，基于生态系统理论，在开展学校社会工作时，要关注个人与环境交互作用；第二，要注意个人、家庭、学校、社区等不同系统之间的交互作用，注意学校社会工作服务的设计与整合，从多个角度介入，并对服务输送进行细致的管控；第三，要结合服务对象的实际需求，利用个人与环境网络中的资源帮助其应对生活压力，提升个人与环境之间的适应度；第四，生态系统理论在本质上属于问题解决的取向，在具体运用的过程中，服务成本、时间、资源等因素也需要进行细致的考量。

（二）增权理论

1. 增权理论的基本观点

增权理论有着深厚的历史积淀，最早可以追溯到 18 世纪（Teater，2014）。在社会工作领域，增权理论产生于 20 世纪 70 年代，由学者Solomon 在 1976 年首次提出，并在 80 年代蓬勃发展起来。如今，增权在专业实践中作为过程和结果的重要性已经得到了广泛认同，而且也被应用于管理学、教育学、心理学、经济学等领域（Lee and Hudson，2017）。洞悉增权理论的本质，首先应明确权力的意涵，权力是在关系中产生和流动的，渗透在社会关系中的每个层面，这就涉及关系网络中的交互、资源等要素（Conger and Kanungo，1988；Magee and Galinsky，2008）。在社会工作领域，权力常指代个体对环境的适应能力和潜力等（Lee and Hudson，2017）。因而，增权的本质不是简单的"授权"，而是涉及个人和环境两个重点，是在个人与环境的互动中实现的。增权理论有着众多的理论基础，如女性主义、批判主义、生态系统理论等。因而，增权理论也有着比较丰富的意涵。对增权理论的定义，有的基于微观，有的基于宏观，有的两者兼具（Gutiérrez，1990）。若试图用单一概念将增权理论公式化，可能会违背其本质（Zimmerman，1990）。因此，增权是一个宽泛的、多层次的概念，根植于服务对象的具体脉络（Adams，2008），是一个反身性的动态过程（Simon，1990）。

2. 增权理论在实务中的运用

作为一个后现代的理论，增权理论强调服务对象的能力、优势以及个体与环境的互动。增权理论内在的核心要素是权力，在实务过程中既要关注个体心理层面的增权，也需重视环境层面的增权。增权在本质上既是一种结果，也是一种过程（Lee and Hudson，2017）。根据增权理论，问题是由权能缺失或去权等原因导致的。在具体的介入方面，增权的层次包括个人、人际关系、环境或者个人、组织、社区等（Gutiérrez et al.，1998；Zimmerman，1990）。增权可能会以不同的方式与实践发展相联系，所以在实务过程中增权具有结构性、目的性、动态性和指向性（Adams，2008）。总之，运用增权理论，要注意多元服务方法的融入与整合，关注个人与环境的互动关系，以及服务对象的需求、意识提升和参与等，进行有针对性的增权。

3. 增权理论与学校社会工作

增权理论强调服务对象的能力、优势等，在学校社会工作的服务与实践中，增权理论有着重要的启示和指导作用。第一，在学校社会工作中，若过分偏重于个体心理层面的增权，则可能会忽视环境层面的增权，要注重两个层面的结合。第二，在服务设计、实施和评估的过程中，要强调服务对象的广泛参与，学校社会工作者要对参与的空间、层次、权限等进行细致的思考，这涉及增权的风险与成本。第三，从理论到实践，需要遵循专业伦理和价值，秉持务实的专业态度，避免增权的过程中出现去权的后果。第四，在学校社会工作中运用增权理论，亦要考虑到文化因素。在不同的文化背景中，对增权的理解也存在着差异。比如，在我国的学校社会工作中，需要考虑家庭在增权中扮演何种角色，处于不同家庭结构中的学生如何解读家庭中成员的角色、职责以及互动中的权力关系等。基于本土文化的增权实践有着重要的现实意义，需要在实务工作中进行深入的反思与总结。

（三）任务中心模式

1.任务中心模式的基本观点

社会工作的理论多来自心理学、社会学等专业领域，任务中心模式则是起源于社会工作领域。作为一种短期的干预方法，任务中心模式起源于 20 世纪 60 年代的短期个案工作研究，经过学者 Reid 和 Epstein 的研究和推动，在 70 年代，任务中心模式正式构建了一套比较系统的理论和方法（Payne，2014）。经过几十年的发展，任务中心模式已经成为社会工作服务与实践中主要的实务模式，适用于个人、家庭、团体、社区等，并广泛运用于多种类型的服务实践中。任务中心模式是一种实证取向的实务模式，关注服务对象的能力、优势和能动性，尊重服务对象的意愿和参与，努力构建良好的专业合作关系，聚焦于服务对象的需求与问题，与服务对象一起进行问题分析，根据问题确定服务的目标，并将目标转化成一般任务，整体计划简洁清晰，有明确的时间安排，是一种短期的介入模式。

2.任务中心模式在实务中的运用

任务中心模式提出人的问题是能力受限导致的，处理问题时的困境可能来自资源的限制，关注个人心理因素与环境因素的交互作用，认为人具有改变的动力，当遇到问题时会有不同的应对方法，可能会顺应困境，或者进行适当改变，抑或寻求彻底解决。当人意识到问题并处于失衡的状态时，个人会采取行动去应对问题（曾华源，2012：

217~240）。任务中心模式的介入过程一般包括开启、中期和结束三个阶段（Fortune and Reid，2017）。

在开启阶段：讨论转介的原因，特别是非自愿服务对象（若有）；要基于服务对象的脉络，与服务对象一起探索与评估目标问题；形成服务协议，包括明确的问题与目标、服务方法、服务限制等；执行初始任务。在中期阶段：审视问题和任务；识别与处理任务完成中的阻碍；选择任务计划并执行。在结束阶段：评估目前目标问题状态和整体情况；识别成功解决问题的策略；讨论其他的方式，以及针对目前存在的问题提出策略；总结与讨论后续问题或延长服务等。

3.任务中心模式与学校社会工作

任务中心模式适用于学校社会工作的相关日常服务与实践，是一种问题解决取向的实务模式，在介入的过程中可以兼容其他理论方法，而且服务目标明确、程序清晰、整体成本较低（Teater，2014）。在学校社会工作中运用任务中心模式，需要注意以下几点。第一，这是一种短期的介入模式，对于需要长期介入的持续性问题，任务中心模式并不适用。第二，任务中心模式强调对案主意愿和参与的尊重。在学校社会工作中，有些服务对象可能是转介或非自愿案主，需要先进行沟通与讨论，只有服务对象愿意参与，任务中心模式才有可能有效开展。第三，要注意任务中心模式与其他理论方法的整合。第四，在问题与目标的确定过程中，要考虑问题的紧急性与重要性，以及服务对象的实际应对能力等。

（四）优势视角

1.优势视角的基本观点

多年以前，优势视角的内容就已经在宗教、哲学以及部分实务模式中出现，如人本主义、女性主义等。在社会工作领域，优势视角起源于 20 世纪 80 年代，主要代表学者有 Dennis Saleebey、Ann Weick 和 Charles Rapp 等，他们的研究为优势视角的创立与发展奠定了重要基础（Kondrat，2014）。优势视角最初是在心理健康实践中发展起来的，经过多年的研究与发展，已经广泛应用于许多不同种类的专业实践中，如社区服务、长者服务等（Healy，2014；Kondrat，2014）。优势视角强调乐观、希望和创造，反对问题视角、个人病理化归因和标签化，重视人的尊严、优势和潜能，以及服务对象如何理解与解释意义世界，特别强调未来的可能性，将社会工作服务视为社会工作者与服务对象互相学习的一个过程。同时，优势视角的理念也明显体现了社会工作的专业价值观，特别是在尊重服务对象的自我决定等方面。作为一种重要的实践理论，优势视角借鉴了社会科学中广泛的理论知识与实证研究的成果（Healy，2014；Payne，2014；Saleebey，2013），对于指导社会工作专业服务与实践有着重要的现实意义。

2. 优势视角在实务中的运用

优势视角的核心理念是对人性与社会抱有积极的认识与看法（Kondrat，2014）。优势视角主要有六个基本假设：个人、家庭、团体和社区都有其优势；问题可能会具有伤害性，但也是改变的机会；若不够了解人们能力提高的极限，就要认真对待他们的愿望；社会工作者可以与服务对象进行合作以期为服务对象提供最好的服务；环境充满资源；注重关怀、照顾与脉络（Saleebey，2013）。基于这些观点，在实务工作中运用优势视角，有以下六个实践原则（Healy，2014；Kisthardt，2013）：第一，社会工作者在专业服务与实践中要抱有希望、乐观的工作态度，要充分认识到服务对象的优势、潜能、资源以及他们对未来的希望与梦想，而非他人定义的缺陷、不足、症状等；第二，助人关系是合作的、互助的伙伴关系；第三，每一个人都应该为其自我恢复负责；第四，所有人都有内在的能力去学习、成长与改变，人有权利去尝试成功与失败；第五，鼓励运用以优势为本、以人为本的方法在社区的原生场景中开展助人活动；第六，对于服务参与者而言，整个社区应该被视为一个蕴含潜在资源的绿洲，在进行隔离式的或是正式的精神健康治疗和社会服务之前，应优先考虑社区中的原生资源。

3. 优势视角与学校社会工作

优势视角是一种以优势为本、以人为本的专业方法，非常契合学校社会工作服务与实践，对于推动学校社会工作的发展有着重要的指导作用。在学校社会工作服务中运用优势视角，要注意以下几点：第一，基于优势视角，要关注服务对象的优势、能力、资源等，解决问题的"钥匙"其实在服务对象身上；第二，要积极构建互助合作的伙伴关系，尊重服务对象的自我决定；第三，在运用优势视角时，要注意与其他理论方法进行整合，需要结合服务对象的实际需求和服务的具体目标；第四，优势视角强调从不同层面和角度对服务对象进行优势、能力与资源的评估（Kondrat，2014），所以在学校社会工作中，以优势为本的实践不能只局限在对个人层面优势的考量，还需要进行更加多元的评估与思考，以期更好地回应服务对象的需求。

小　结

根据大卫·豪关于社会工作相关理论的分类，西方社会工作的基本理论可以分为"为社会工作的理论"和"社会工作的理论"。本章前述的社会学、心理学、教育学等学科的基本理论属于"为社会工作的理论"，为学校社会工作提供了一个理解学生、学校、家长、社会及其相互之间关系的一套相对成熟的话语体系；而生发于社会工作专业内部的理论，如前面提及的生态系统理论、增权理论、任务中心模式等，主要为学校社会工作建构价值伦理、进行问题分析和实务干预提供理论支撑。社会学、心理学、教育学等相关学科的基本理论为学校社会工作的理论建构和实务发展提供了多元养料和宽广视角，而社会工作专业自身的基本理论则因其源于专业实践而更聚焦。西方学校社会工作在整合多学科优势和多元基本理论的基础上不断发展出适合学校社会工作情境的理论体系，借鉴西方学校社会工作的诸多基本理论对于我国学校社会工作的发展无疑具有积极意义。

事实上，我国学校社会工作在发展过程中也的确借鉴了西方学校社会工作的理论和实务模式，但需要注意的是，我们需要具备批判性思维，在深入了解西方理论背后的知识渊源、社会背景和历史演变脉络的基础上，自觉对西方理论予以适当解构和重构，发展适合中国情境并具有中国特色的学校社会工作理论体系。社会学的想象力可为这一目标实现提供借鉴（张燕婷、赵洪萍，2021）。

1959年，米尔斯在《社会学的想象力》一书中提出了"社会学的想象力"这一概念。社会学的想象力，是对个人与社会之关系理解的能力，它使人们意识到社会学与个人的、群体的日常生活关系，社会结构（包括地位角色、团体、组织、社会制度、文化等）对人们的社会生活有着重大影响。但它不仅仅是个人与社会对立传统的重新解读，其在方法论层面也有所突破。其对批判视野的强调、宏观视野与微观事实的贯通以及历史与现实的洞察对学校社会工作理论研究具有重要的方法论启示意义。

首先，批判视野的强调。米尔斯所呼唤的"社会学的想象力"本身就是对自然主义模式的一种批判。米尔斯常被看作改革取向的社会学的再生之父。他为把社会学归还给民众而热情工作——不然，社会学将陷入一种非评价性的破产境地，而他试图将社会学从这种状况中解救出来，使社会学的领袖们重新关心时代问题（波洛玛，1989：254）。米尔斯认为有些人愿意去改变社会结构。米尔斯也对有关社会性质占支配地位的看法进行修正。功能主义和互动主义者认为社会是有秩序的、模式化的，而米尔斯则强调社会是利益竞争的战场。在人们把科学的、实证的、价值无涉的社会学奉为理想的时代，米尔斯对学术性社会学的效果提出了疑问。米尔斯对人的看法反映了作为社会产物的人与作为社会结构创造者的人之间的矛盾性。在米尔斯看来，如果人们认识到自己的属性基本上是非理性的，他们也许就会改变对自己的看法，并最终导致社会改变（波洛玛，1989：264~265）。米尔斯的社会学的想象力本身暗含批判、改变的内核以及作为社会学者对政治责任的承担。因此，米尔斯的社会学的想象力可为中国学校社会工作在知识体系构建中对西方学校社会工作的理论和实务模式的移植提供批判的方法论。

其次，提供历史与现实的洞察。在米尔斯看来，具备社会学的想象力，就可以对历史事实有所觉知与洞察，也就可以看清更广阔的历史舞台。人们只有将个人的生活与社会的历史这两者放在一起认识，才能真正地理解它们（米尔斯，2005：1）。就方法而言，社会心理学与历史学的结合是米尔斯一生都始终坚持的方法。他对于历史的了解，使他注意到社会冲突这样的事实，并且要求社会学去分析它。这有助于解释米尔斯为什么重视作为社会学来源的传记和历史（波洛玛，1989：257）。实际上，布鲁默、戈夫曼和加芬克尔虽然都关心使个人行为成为分析的单位，但他们都对历史不感兴趣，把历史置于他们的分析之外。葛斯和米尔斯强调历史条件对于人们的制约作用（波洛玛，1989：256）。米尔斯指出，我们之所以对社会学的想象力如此需要，是因为人在根本上是社会和历史汇总的行动者，必须通过他与社会、历史结构间的密切的、错综复杂的关系来理解他（米尔斯，2005：170）。可见，米尔斯"社会学的想象力"不仅让我们看到社会结构并用微观实证资料去分析，而且让我们关注历史事实。所以除了从微观事实着手、从宏观上着眼之外，我们亦要看到历史的重要性。如此一来，社会学的想象力让我们看到每个人其实不是一个单纯的个体，这些个体是被不同的历史所包裹的，每个人所在的历史脉络以及这些政治的、经济的脉络被个人所经历，并组成了这个人的传记，但是我们不能忘记这个人的传记是在历史中的，而不是独立于历史之外的。杜威亦指出，扼杀历史的生命活力的隔离现象，就是把历史与当前社会生活中的种种模式及相关事实割裂开来。过去的事实已经过去，不再与我们相干。可是事实上，过去的事实是了解现在的关键。历史对应的是过去，这个过去却是现在的由来。过去的事件不能与活生生的现在隔离，否则将失去其意义。历史的真正起点总是某种现存情境及其问题（杜威，2017：216~217）。这为深入理解西方理论背后的知识渊源、社会背景和历史演变脉络以及中国现实情境提供了方法论指导。

第三章　学校社会工作本土化知识体系的构建[①]

一　学校社会工作本土化知识体系：一个概念的科学界定

社会工作是社会科学领域中一个彰显行动导向的应用性学科，社会工作实践具有情境性，不可避免地受到政治、经济、社会、文化等的影响，社会工作的本土化及其相关议题一直是学界讨论的重要问题。

（一）社会工作本土化的科学内涵

社会工作本土化源于对西方社会工作模式在世界各国的"普适性"的质疑，是西方模式对于非西方社会情境不能适用的产物（Gray and Coates，2010）。1971 年，第五次联合国国际社会工作训练调查讨论了美国社会工作理论对于其他社会的不适用性，将"社会工作的功能和教育与某一个国家的文化、经济、政治和社会现实联系起来的过程"视为本土化（施旦旦，2017）。沿着这一思路，国外学者 Midgley（1981）认为本土化旨在反对欧美的专业帝国主义，社会工作知识从欧美发达国家进入第三世界国家后应与当地实际相契合。

21 世纪初，中国开始借鉴西方社会工作相对成熟的理论体系和实务模式推动专业社会工作发展。随着社会工作的发展，对移植和套用西方社会工作理论及实务模式进行反思，对西方社会工作进行本土化改造以及对本土社会工作加以科学凝练成为一种现实要求，目前我国社会工

[①]　本章内容曾以《中国学校社会工作本土化知识体系的建构》（作者张燕婷）为题发表于《学海》2021 年第 4 期，收入本书时内容有修改。

作的发展正处在这样一个阶段（李迎生，2008）。在中国语境下，学者们对社会工作本土化的阐释可以从以下三种相互关联的视角来理解。其一，强调西方社会工作的适应和改变。社会工作本土化是指"产生于外部的社会工作模式（这是一套经济的、政治的、社会文化的制度体系）进入中国，同其相互影响进而适应中国社会的需要而发挥功能的过程"（李林凤，2007）。对外来者而言，本土化是选择、融合与接受的过程。本土化需要强调"本土"的主体性，站在本土的立场来提出问题和分析问题（王思斌，2001）。其二，强调本土社会工作的继承和创新。社会工作本土化关注本土社会工作在受到西方社会工作影响后的更新与变迁，社会工作本土化并没有割裂与传统的关系，而是在继承中创新（潘泽泉，2014）。其三，强调本土与外来社会工作的整合。社会工作本土化就是本土与非本土社会工作的价值观、理论、技巧等不同元素的碰撞、调适和结合，最终形成一个新的整合式的社会工作框架。本土化社会工作必须更能切合本土社会的需要和形势（殷妙仲，2011），建构起新的社会工作框架来理解本土化。与此相对应，我国社会工作的本土化也存在三种取向。一是移植、诠释、验证和改造性地将西方社会工作理论和模式运用到本土社会工作实践中，使西方社会工作发生适应性改变。二是继承、挖掘中国本土社会工作资源，在与西方社会工作碰撞的过程中对本土社会工作进行重塑，构建更契合本土情境的知识谱系，以此来引领社会工作的研究和实践。三是将西方社会工作与本土社会工作进行有机整合，形成一套适合中国本土的新的社会工作框架。

　　本土化是在与全球化并行或与全球化相抗衡的时代脉络中出现的，但是本土化并不意味着完全拒斥西方社会工作理论和模式，也不倡导闭门造车。一方面，社会工作的一些核心价值观、基础理论或实务模式具有一定的共享性，尤其是专业所承载的某些共同价值观，不能因为"本土化"而消解；另一方面，社会工作本土化还需要具备全球性视野，努力提炼出具有扩散意义和较大范围适用性的一般性原理，其实这也是本土化的长远愿景，正所谓"全球思考，在地行动"（Think Globally, Act Locally）。因此，社会工作的本土化要求我们在树立本土问题意识

的基础上，加强对外交流，并把以往的单向交流、单向输出转变为双向交流、双向输出。

（二）学校社会工作本土化知识体系的内涵认识

学校社会工作作为社会工作的一个重要分支，是以尊重人性的平等和价值为理念，运用专业的理论、方法与技术评估学生遇到的问题和成长需要，为学生提供适切的服务，以帮助学生健康成长和实现教育目标，更好地适应现在及未来生活世界的专业助人活动（许莉娅，2012）。构建本土化知识体系，必须从概念入手，通过解构与建构两种方法建立适合本国国情的概念体系（徐勇，2019）。在此背景下，社会工作本土化知识体系的构建也变得顺理成章。中国学校社会工作始于20世纪90年代后期，与社会工作其他分支一样，学校社会工作领域的理论和实务模式也多借鉴西方社会工作知识体系，这对学校社会工作发展具有积极意义，同时也存在适用性的问题。实务界不断推进学校社会工作的本土化进程，学者们也纷纷聚焦学校社会工作的本土化研究。因此，构建学校社会工作本土化知识体系，成为中国学校社会工作理论发展和实务干预的核心议题。

学校社会工作本土化知识体系是指在学校社会工作本土化过程中所涉及的一套知识体系，包括学科知识、学术知识与实践知识等。构建学校社会工作本土化知识体系是通过借鉴、选择、验证、过滤及融合等方式，将本土知识和西方知识进行有机整合，形成一个不同于以往的、具有灵活性和包容性的知识体系。在这一过程中，我们需要培养一种主体意识，以中国与西方、本土与全球的双向交流为途径，立足于中国情境下的问题意识、经验意识和文化资源，形成一些具有全球扩散意义的知识，从而为全球社会工作做出中国独特的知识贡献（何雪松，2009）。

二 构建学校社会工作本土化知识体系的知识论基础

探讨学校社会工作本土化知识体系的构建，必须回到本书的"原问题"，即社会工作知识论问题上。对社会工作知识的认识与定位，决定了专业知识体系构建的理论范式，知识论的发展会带来相应研究领域的范式转换。

（一）社会科学的知识论

法国社会学家福柯（M．Foucault）认为知识论是"特定类型知识得以产生的条件，这些条件及其历史可能性，确定了特定的经验领域和理性结构，构成它们特有的历史先验"，并将这种知识论定义为"知识型"（episteme）（福柯，2016：32~35）。陈涛和王小兰（2017）提出了知识论是关于"什么是可信的知识，这些知识需符合什么样的标准"的论说。由此可见，知识论是我们对知识进行分类的基本依据。亚里士多德根据知识的性质将其分为"科学知识""实践知识""技巧知识"三类，哈贝马斯根据知识的功能将其分为"技术知识"、"实践知识"和"解放知识"三类。在社会学家对知识论的探讨中，具有代表性的是美国社会学家彼得·伯格在《知识社会学：社会实体的建构》中的论述。他认为"知识"与"现实"之间存在着特殊的关系脉络，这些"现实"与"知识"存有特殊的社会脉络。正是因为社会中有各种显而易见的差异，这些差异又被社会视为当然的"知识"，所以知识社会学才应运而生。他的论述为社会科学知识的本土化奠定了坚实的理论基础。知识社会学不仅关注"知识"在经验上的多样性，也扩及知识体系将社会性建构成一种"现实"的各种过程。（伯格、卢克曼，1991：9）

与自然科学的研究不同，社会科学的研究不仅涉及"是什么"的客观知识问题，还涉及"为什么""怎么样"的价值观问题。此外，社会科学领域存在一些实践性学科，如社会工作、心理学、教育学等，所以社会科学研究又具有实践导向性，需要发展多元广泛的实践知识。亚里士多德对知识"种""属"的分类概念以及古罗马哲学家波菲利（Porphyry）提出的知识结构的"波菲利之树"构想，仍然是着眼于整体的人类知识，并没有对社会科学知识的特殊性（实践知识）进行分析。郭忠华（2020）在对社会科学知识体系进行分析时，引入了"知识树"的分析模型，概括了社会科学知识体系的不同组成部分。该"知识树"分析模型，从社会科学发展历史和现状的脉络出发，对"知识树"的不同组成部门进行了界定，对于理解学校社会工作本土化知识体系是有帮助的。但笔者认为，该"知识树"分析模型在绘制过程中忽略了对文化历史因素和社会实践的细分。在综合历史、政治和文化因素对社会实践的影响的基础上，笔者认为，社会科学"知识树"分析模型应突出本土化研究过程中的历史、政治、文化因素以及实践导向的知识属性，强调社会科学的孕育和初心，强调社会科学研究的认识论基础。

（二）构建学校社会工作本土化知识体系的多维知识论基础

社会工作专业作为社会科学领域的一个重要分支，其专业知识体系的发展也遵循社会科学知识发展的一般规律。王思斌（2019）在对中国特色社会工作体系进行论述时，指出"社会工作体系建设与一般哲学社会科学的学科体系建设既有相同之处，也有自己的明显特点。由于社会工作有很强的实务性，这一学科的功能和发展表现在它的社会服务能力、过程和效果上，所以社会工作学科又不同于一般的学术性学科和研究"。学校社会工作是将社会工作的专业理论、方法用于在校学生的社会工作的具体实践领域。基于上述定位，学校社会工作的知识体系隶属于社会工作的实践应用范畴。实践属性是学校社会工作知识体系的重要知识论基础。因此，基于文化与实践导向的社会科学"知识树"分析模型，下文将从认识论基础、社会基础、专业价值基础、学科知识基础、专业技术基础等五个方面展开讨论。

1. 学校社会工作本土化知识体系的认识论基础

坚持马克思主义以及马克思主义中国化理论在学校社会工作本土化知识体系构建中的指导地位是建立学校社会工作本土化知识体系的认识论基础。遵从马克思主义的唯物史观，从中国社会工作发展的特殊历史进程与当代中国社会问题的独特性出发，构建符合中国社会实际需求的学校社会工作本土化知识体系。"构建中国本土知识体系的自主性，需要在遵循生产关系与生产力相适应、上层建筑与经济基础相适应这一人类社会发展总规律的基础之上，开创一条立足本国国情、尊重人民主体意志、体现执政党引领国家和社会发展的政治理想的社会现代化发展道路，以及构建树立其上、蕴含其中、相互支撑的均衡化、系统化、整体化的知识体系，才有可能谈得上实现知识体系构建从自觉到自为再到自信的飞跃"（唐亚林，2020）。在新时代的发展中，将学校社会工作本土化知识体系的构建深度嵌入"五位一体"总体布局中，这是学校社会工作本土化知识体系构建的基本认识论基础。

2. 学校社会工作本土化知识体系的社会基础

学校社会工作本土化知识体系的发展必须遵循"五位一体"总体布局，对中国本土的经济、政治、社会、文化和生态进行深入的分析。缺乏对这些背景的分析，缺乏在地的生机和持续发展的动力，"移植"的专业知识将会是"无源之水，无本之木"。因此，理解中国国情、分析社会问题和运用相应的策略协助服务对象解决问题的"默会知识"（Sibeon，1990），在学校社会工作本土化知识体系构建中具有举足轻重的地位。

3. 学校社会工作本土化知识体系的专业价值基础

学校社会工作本土化知识体系要遵循社会工作专业共享性的基本价值观念，即关注服务对象福祉、尊重服务对象人格、关注实践领域中的文化环境下的价值追求等。考虑到我国学校社会工作发展的本土实践场域中的文化特质，在其专业价值体系构建的过程中，必须实现中国的青年发展观、社会主义教育观以及社会主义核心价值观与学校社会工作专业价值观的有机融合。

4. 学校社会工作本土化知识体系的学科知识基础

在西方，社会工作作为一个独立学科已有一百多年的发展历史，形成了较为独特的学科知识基础。中国的社会工作学科长期隶属于社会学范畴，被定义为应用社会学。虽然将社会工作定义为应用型学科，但因为其隶属于社会学的范畴，其学科知识基础难以脱离传统社会学的范畴。因此，社会工作的实践性学科知识体系并未真正建立。学校社会工作本土化知识体系的构建必须突出其实践性，从社会工作的服务出发，

"不但要回答人与环境是怎样互动的、这种互动中为何会产生各种社会问题和个人问题，也要回答怎样介入、从当下和长远来看如何有效干预这些问题，必须找到最佳的具体措施，包括从宏观到中观再到微观层面的各种介入干预的方法、技术或技巧，甚至是治疗性的临床手法模式与技术技巧，这正是社会工作学科独特而凸显的研究与知识之价值所在"（陈涛，2020）。

5. 学校社会工作本土化知识体系的专业技术基础

社会工作专业技术知识是社会工作者解决社会问题或个人问题运用的具体方法知识，是专业服务的技术工具。西方社会工作专业基于对实践经验的总结，发展出了个案工作、小组工作、社区工作、社会工作行政等专业方法，且随着专业实务的发展，专业技术知识不断更新和升级。但我国在社会工作专业技术知识体系建立的过程中，机械地将社会工作"三大方法"定义为"专业性"的核心内容，用方法技术定义专业，而不是用专业促进技术更新，从而严重阻碍了社会工作专业的发展，压制了技术更新的活力。

学校社会工作是以学校为服务领域，对学习或成长遇到困境的学生进行干预的服务活动（许娟等，2021）。社会工作者在服务实践中，会协助学生解决学习困难、同辈欺凌、青春期困惑、心理健康等问题，需要对学生群体的身心特点、校园文化、家校关系等方面有深入的认识和了解，所有这些工作决定了学校社会工作知识体系的实践属性。

三　学校社会工作本土化知识体系构建的基本维度

基于以上分析，学校社会工作本土化知识体系可以从理论范式、研究视角等维度进行构建。

（一）理论范式构建

库恩指出，"范式""指的是一个共同体成员所共享的信仰、价值、技术等等的集合"（库恩，2003：21~27）。首先，实证主义范式。实证主义指的是对外界的正确认识应立足于对客观事物的观察和感觉等，以此为范式的研究极为强调"客观性"（陈成文等，2015）。在学校社会工作研究过程中要探寻学校社会工作主客体之间及其各种因素之间的关系，必须借助实证主义范式来进行科学的、经验检验层面的研究。其次，后实证主义范式。后实证主义认为客观实体是存在的，其真实性不可能被穷尽，研究就是通过一系列细致、严谨的手段和方法对不够精确的表象进行"证伪"而逐步接近客观真实（陈向明，2000：15）。学校社会工作者在介入过程中多采用后实证主义范式，尊重案主的独特性，理解案主，遵循案主自决等。最后，批判主义范式。批判主义强调理论在改造、变革社会中的重要作用，反对那种旨在维护、修补现存社会结构的单纯解释性的"科学"研究（胡全柱，2008）。批判主义范式的学校社会工作研究可纠正实践中因强烈的价值介入而造成的理解偏差。在学校社会工作研究过程中，每一次解释和理解都是对原有事实的再诠释。学校社会工作研究日趋在不同范式之间寻求有效的契合点，实现范式的融合。

（二）研究视角构建

学校社会工作本土化知识体系的构建，不仅需要实现理论范式的多元化及融合发展，也需要使研究视角走向多元化。学校社会工作的研究视角立足于学校社会工作实践，需要走向多元化。目前，学校社会工作的研究视角主要包括投入－理解研究视角、多文化与跨学科研究视角、自觉性研究视角以及行动干预与增能研究视角。[①] 第一，投入－理解研究视角。韦伯的"投入理解"强调"研究者站到研究对象的立场，设身处地理解行为者的内在动机，主观地判断影响社会行为的内在原因"（陈向明，1997：33~37）。社会工作坚持人本理念，关注人主体性价值。学校社会工作需要研究者坚持投入－理解研究视角，强调社会工作者要对学生背景进行深入了解，给予学生适当的支持与鼓励，进而有效地回应学生需要，促进学生成长。第二，多文化与跨

---

① 关于学校社会工作四种研究视角的具体内容，详见第四章，此处为简介。

学科研究视角。多文化研究视角是指研究者坚持文化多元性立场，承认每一种文化都有自己的价值体系。跨学科研究视角是指研究者突破学科划分形成的限制，充分借鉴和综合各学科的知识，加深对社会现象的认识或解决那些不能用单一学科知识解决的问题。学校社会工作坚持多文化与跨学科研究视角，将学校社会工作实践融入具体文化中，借鉴其他学科的知识，比如社会学、教育学、心理学等，实现跨学科融合。第三，自觉性研究视角。自觉性研究视角关注真实存在的每一个行动者，行动者具有主观意识，能够选择和决定自身行动，并在社会实践中形塑社会关系。学校社会工作尊重学生的主观能动性，坚信学生有自助与互助的力量。第四，行动干预与增能研究视角。图海纳提出"行动社会学"，认为社会学家只有通过能动的干预手段介入社会生活，才能形成关于行动者本身的真切知识（沈原，2006）。社会工作始终强调以具体的行动干预来推动个人、群体、组织、社区甚至国家层面上的改变（文军，2018）。

（三）基本特征构建

首先是专业性特征。学校社会工作的知识具有自身科学理论基础，主要包括社会学、心理学、教育学等。在实践层面，学校社会工作者强调专业价值、方法与技巧，这些都是学校社会工作本土化知识体系构建所体现的专业要素。其次是科学性特征。学校社会工作的理论模型、实务模式、操作方法都具有科学性，这种科学性保证了学校社会工作服务的品质，也是中国特色学校社会工作的重要特质。再次是艺术性特征。学校社会工作本身除了严格的专业性与科学性外，还需要拥有服务的技艺。迈向艺术实践的社会工作者秉持一种独特的审美态度，实现真正意义上的社会工作传统的复归。最后是实践性特征。社会工作是理论与实践并重的学科，它始终强调实践的力量。学校社会工作者具有"在做中学"的实践特性，这种特性也是社会工作专业实践能力培养的核心模式（郭伟和，2009）。因此，学校社会工作者一半以上的时间都是在进行相关专业实践，只有在长期的积累与沉淀中，才能形成多元的专业实务手法，针对不同学生的问题采取不同的介入方式。

（四）基本功能构建

结构功能主义十分注重研究社会运行和社会发展的平衡、协调机制，是一种维护型的社会学理论。它强调的往往是"稳定的秩序"（贾春增，2005：57~64）。遵循结构功能主义的思维路径，在个体层面，学校社会工作采用一种潜能的视角定义和理解学生的发展过程，认为所有学生都具备积极成长和发展的潜能。此外，学校社会工作注重个体与情境间的交互、对内外部资源的挖掘，并力求使工作者或研究者以一种更为全面的视角看待学生。勒纳（Lerner）整合了五个较为成熟的指标，分别为自信（confidence）指标、能力（competence）指标、联结（connection）指标、品格（character）指标、关护与同情（caring and compassion）指标。当达到以上五个指标后，一个学生便能够自然地实现对他人的贡献，并由此产生第六个指标，即贡献（contribution）指标（Lerner，2004：109-143）。上述六个指标构成了学校社会工作的个体层面的功能目标。在群体层面，作为一种在学校领域内实施的专业服务活动，学校社会工作的主要功能是协助学生与家庭、学校、社区建立良好的互动关系，促进学生健康成长。具体包括：改善家庭、学校、社区之间的关系，构建学生群体成长的社会支持系统；协助学生群体获得知识、提升适应社会环境的能力；尊重学生个性，发掘学生潜能；培养人格统合能力，塑造健全人格；等等（李晓凤，2010：7~11）。在社会层面，按照帕森斯的结构功能理论，个体、群体的发展促进了社会的发展，社会的进步又为个体和群体的提高提供了保障。个体与群体同在一个系统当中，互相影响和制约，因此必须协调发展，这也是社会工作所追寻的目标（陈成文、孙嘉悦，2011）。学校社会工作应注重学生、家庭、学校、社区等局部与社会整体的相互关系，注重问题解决的系统思维，其中包括：完善学校学生教育与管理体制、机制；丰富校园生活内涵，多层面回应学生对教育、管理和服务的个性化需求；促进观念转变，推动教育系统优化；等等。

（五）应用空间构建

社会工作在进入学校时会遇到真实且复杂的多层次社会系统，这些系统可以从三个层面来理解。宏观层面主要包括教育体系、教育制度、教育观等；中观层面主要包括学校架构、规章制度、权责体系、学生工作管理体制等，这一层面受宏观层面的影响；微观层面主要包括学校的管理者、教师、学生、行政后勤人员等对社会工作的态度与立场、应对方式以及具体行动（尚静、张燕婷，2015）。因此，学校社会工作本土化知识体系需要在宏观社会系统、中观组织系统以及微观行动者系统中完善应用对策与方案。学校社会工作本土化知识体系在宏观社会系统中的应用体现为学校社会工作与现有的教育体系的关系；在中观组织系统中的应用主要体现为专业实践和应用的问题、专业方法及专业实践模式的发展问题；在微观行动者系统中，社会工作者将具体的专业知识方法应用于以学生为主的服务对象所面临的特定障碍及问题。相对于宏观与中观系统的学校社会工作知识应用，微观行动者系统中的专业知识应用更体现出个性化的专业面貌。学校虽然是学生生活学习的重要场所，但社会、家庭、社区等环境均会对学校和学生产生影响，因此，社会工作者需要从系统观点出发，积极地将学校社会工作本土化知识灵活应用于宏观社会系统、中观组织系统和微观行动者系统。当前我国学校社会工作实践依然多强调微观行动者系统和中观组织系统的改变，对宏观社会系统的介入相对较少。社会工作者作为政策倡导者的角色意识较弱，比较满足于个案服务的提供（张燕婷，2015）。因此，在继续应用学校社会工作本土化知识体系介入微观行动者系统和中观组织系统的同时，参与社会工作政策的制定和决策应是未来本土知识体系构建和实践的重点。

第四章 学校社会工作本土化知识的研究视角

　　学校社会工作本土化知识体系的构建，不仅需要实现理论范式的多元化及融合发展，也需要使研究视角走向多元化。贝斯特与凯尔纳（1999：339~340）认为，一个视角就是一种观察方法，一个分析特定现象的有利位置或观点；一个视角就是解释特定现象的一个特定的立足点、一个聚焦点、一个位置甚或是一组位置；一个视角就是一个解释社会现象、过程及关系的特定的切入点。简言之，研究视角犹如照射研究对象的一个光源，研究者则在此束光下去了解和认识研究对象。但是，研究视角受到研究者本人现有的假设、理论、价值观、兴趣、目标、背景等因素的影响，并且一切视角都是有限的、不完全的。因此，贝斯特与凯尔纳主张研究者要超越自己走向交往与对话，提高对视角的反思、批判和整合能力，并在此基础上，不断丰富和更新研究视角，具备运用多种研究视角透视复杂社会现象的能力。正如尼采所说，一个人能够获得的观察世界或其他任何现象的视角越多，他的解释就将越丰富、越深刻；多样化的视角要比单一的视角更能提供通向研究现象的丰富道路。学校社会工作的研究视角需要走向多元化。多元的研究视角不仅有助于研究者多层次、多方法、多维度审视与解读研究对象，更为推动学校社会工作实务理念、方法、技能的更新和变革注入活力。立足于学校社会工作实践，学校社会工作研究视角具体包括：投入－理解研究视角、多文化与跨学科研究视角、自觉性研究视角、行动干预与增能研究视角。

一 投入－理解研究视角

投入－理解研究视角基于对实证主义的质疑与批判。实证主义强调研究对象的客观性与研究者的价值无涉。迪尔凯姆对社会现象的定义是：所有"活动状态"，无论固定与否，只要是由外界的强制力作用于个人而使个人感受的；或者说，一种强制力，普遍存在于团体中，不仅有它独立于个人固有的存在性，而且作用于个人，使个人感受的现象。研究者则"须将社会现象看作社会本身的现象，是呈现在我们面前的外部事物，须摆脱主观意识，把它们当作与己无关的外部事物来研究"（迪尔凯姆，1999）。作为德国诠释学的传人，韦伯反对实证主义对活生生的人的无视和"物化"，强调"人与物不同，要理解人（的社会行动）不仅要从外部表现即人的行动去研究，还要研究其动机。只有在对社会行动的意义理解、确证的基础上，才能对社会行动的过程及结果予以因果性的解释"（韦伯，2010）。因此，研究者要正视行动者的动机与行动意义，从主观意图、个人行动去探讨对社会的理解和诠释。在阐释"理解"这一点上，韦伯认为，人们在行动前是经过选择的，这种选择综合了主观以及环境等因素，因此，对于这种选择的研究显得十分重要，而对选择的研究则需要"理解"。因此，要想理解并确证人们的行动，研究者必须将自己放置于所研究的对象的位置上，随后设身处地地设想行动者在特定环境下做出选择的条件及限制，这样才能尽可能地理解行动者的动机。总的来说，韦伯的"投入理解"强调"研究者站到研究对象的立场，设身处地地理解行为者的内在动机，主观地判断影响社会行为的内在原因"（袁方，1997）。

社会工作是做"人"的工作。人的复杂之处并不单单是指其生理结构，也指其情感与复杂的思维和心理活动。因此，做好人的工作，不仅需要满足其温饱等生存需求，更重要的是重视其情感与心理需求及主体性价值。社会工作坚持人本理念，将服务对象的需求与内在感受置于首位，关注人的自由、尊严和主体性价值。学校社会工作作为社会工作的分支领域，同样需要研究者坚持投入－理解研究视角。因此，在构建学校社会工作本土化知识体系的过程中，研究者应秉持投入－理解研究视角，立足于研究对象的立场，设身处地地设想其在特定环境下做出选择的条件及限制，理解其行动动机与意义，并通过真挚的情感投入与研究对象建立良好的关系，让研究过程充满"温度"与人情味。可以看出，理解是社会工作的重要理念。理解是社会工作研究的前提，是方法也是目的。在学校社会工作研究过程中，没有理解就不能了解，也就更谈不上对研究对象的科学认识；没有理解就很难从方法和内容上推进学校社会工作研究。更为重要的是，坚持理解的学校社会工作研究，践行了社会工作"以人为本"的服务理念与价值观，体现了社会工作的独特价值——一个理解、尊重、同情他者的工作，一个用生命影响生命的工作。简而言之，投入－理解视角的学校社会工作研究，强调研究者要对学校社会工作实践及其社会背景进行深入而客观的了解，进而将其恰当、有效地反映在研究过程中，切实提升本土研究水平，推进本土化专业知识体系的构建。可以说，投入－理解视角是学校社会工作最常见的研究视角。

对于理解，韦伯根据操作的过程把它分成两类：直接观察理解，解释性理解。直接观察理解是借着直接观察而理解行动的意义，如研究者通过直接观察能够获得研究对象的情绪与心理活动变化情况。但研究者要对此进行进一步确证，则需要用到解释性理解。解释性理解主要是指对社会行动的主观方面的解释以及对社会行动的归因，即社会行动的"什么"与"为什么"，如研究者需要对研究对象当下情绪与心理活动的变化做出解释，理解其动机及行动。为此，我们强调研究者通过理解和再体验来把握研究对象行动的主观意义。然而，在"理解"的过程中就可能会有价值介入，就有可能损伤对所研究的学校社会工作的科学认识。因而，对于学校社会工作研究者来说，如何维持"理解"与"中立"之间的平衡是十分重要的。作为以价值观为核心的学校社会工作专业，在具体的实务工作中必然涉及"应当如何"的主观愿望，而服务对象也会有自己的态度，所以学校社会工作者面对服务对象时，必然有两种价值判断：一是试图把自己的判断强加给案主，这很有可能引起价值冲突；二是先处境化地双向理解，然后通过沟通达成共识，这是最理想的价值介入状态（张和清，2001）。当面临这种两难困境时，学校社会工作研究者必须首先坚持其"改革家""参与者"的立场去理解研究对象，与研究对象达成共识，然后站在"旁观者"的角度进行评判和分析。只有这样，学校社会工作研究的成果才能有效地指导学校社会工作实践。因此，理解并不是对服务对象行动意义解释的绝对条件，理解必须与理智上和逻辑上的解释结合起来（杨善华、谢立中，2005：177~179）。

二　多文化与跨学科研究视角

各种文化之间相互交融，各个学科之间相互借鉴，是当前文化界、学术界的重要特征。坚持多文化与跨学科研究视角已成为学术研究与专业实践的发展趋势。所谓"多文化研究视角"，是指研究者坚持文化多元性立场，承认每一种文化都有自己的价值体系，也就是说，研究者不能以其所属群体的价值标准或一个绝对的价值标准来评判他人的信仰与行为，而是尊重他人的信仰、价值观与风俗习惯等文化差异，以此为前提，理解他人的行动动机与意义。21世纪，文化多元化已经成为不可阻挡的历史潮流。在此趋势下，研究者需要正视文化的差异性与多样性，对主流文化之外的亚文化予以关注、承认与尊重，尤其是对文化压迫、文化歧视与偏见保持高度的敏感性，省思其背后所蕴含的阶级、种族与族群的不平等权力关系，并努力寻求不同文化的交流、沟通与和谐共处，坚持"和而不同""多元一体"的文化理念。所谓"跨学科研究视角"，是指研究者突破学科划分形成的限制，充分借鉴和综合各学科的知识、方法、工具、概念和理论，加深对社会现象的认识或解决那些不能用单一学科知识解决的问题。20世纪以来，科学发展的一个重要趋势是与技术的融合以及科学、技术与社会的相互渗透，这使科学更加变成了一项社会综合事业和工程，乃至不通过跨学科研究的方式，就不能实现真正的科学突破。与之同时，人类面临的社会问题更具综合性质，如全球新冠疫情大流行，既是医学问题，也是经济问题、社会问题。这就决定了社会问题的解决需要突破学科界限，有机融合各学科知识，寻找有效的解决路径。可以说，跨学科研究已成为一种新的研究"范型"。

回顾社会工作专业发展历程，我们可以发现，多文化与跨学科视角与方法推动着专业的发展。一是坚持多文化视角。一方面，伴随服务范围的扩大与服务内容的增加，社会工作服务对象得以拓展，包括少数族裔和少数民族、药物成瘾者、同性恋、性工作者、艾滋病患者等群体。同时，跨国家、跨民族、跨宗教、国际性、文化和种族敏感的社会工作服务项目显著增多。这就要求社会工作研究者具备相应的文化能力，以回应多元文化需求。另一方面，新型工业国家与地区逐步摆脱欧美社会工作模式的路径依赖和影响，多元文化和多样性的社会问题越来越受到重视，社会工作本土化成为一种显著的趋势，而社会工作与本土文化的契合度成为重要的议题。社会工作本土化发展要摒弃西方文化中不适合中国的内容，承认本国、本地区居民的价值观念、习俗与知识，并进行充分的吸纳，以构建社会工作本土化知识体系。二是坚持跨学科视角。纵观社会工作专业的发展历程，其是一个不断从实务中汲取经验、融合多元学科知识的过程。从学科知识的向度来看，社会工作理论（知识）来自社会学、心理学、政治学、经济学、生物学、医学、行政学等学科；从社会工作实务过程来看，社会工作者需要从多学科视角全面认识服务对象与社会问题，进而采取适宜的介入策略。同时，从社会工作人才队伍的知识背景可以看出，社会工作者在面对不同类型、有多元需求的服务对象时，需要利用不同的知识和技术帮助其适应社会环境。可以说，社会工作作为一门整合资源、运用综合方法助人的专业，与跨学科研究的内涵有很高的契合度。

具体到学校社会工作实践，坚持多文化与跨学科研究视角要做到以下两点。一是要更深入地把握我国文化的整体性和差异性，将学校社会工作研究融入具体的文化背景中去。我国是个多民族国家，各民族文化差异比较大；我国不同地区及城乡的经济发展存在差异；不同城市、同一城市不同社区也存在文化习俗、生活方式与行动习惯上的差异；不同行业、不同性别、不同年龄的受助者们也千差万别。所以，在学校社会工作研究中，只有全面认识研究场域、研究对象之间的差异性，运用多文化视角，才能准确把握问题实质。这要求社会工作研究者具备相应的文化能力。根据美国社会工作者伦理守则（NASW），社会工作者应致力于了解社会多元化的本质，具备理解案主文化背景的知识基础和文化敏感度，能够尊重并有效回应不同文化、语言、种族、族群、宗教以及其他差异因素；在某种程度上要能够体认以及珍惜个人、家庭及社区的价值，保护并维持各自的尊严和多样性。因为"一个没有文化能力的工作人员会让人感受到：不被尊重、受到歧视、不合适的评估诊断与处遇介入所带来的伤害、对现有资源的忽略或对于有待开发的资源缺乏敏锐观察、没有有效地预防问题反而加速问题的恶化"（Simmons，2008）。对于学校社会工作研究者而言，亦应具备一种"文化能力"，以理解、维护研究过程中所接触的各种主要文化，理解并保护研究对象的价值与尊严。二是要更广泛地借鉴其他学科的理论思想和研究方法，实现跨学科融合。"社会工作源自社会慈善事业和睦邻运动，它从一开始就关注弱势群体，注重解决社会问题，是一门以价值观和实践为基础的助人自助的专业活动。"（张和清，2001）因此，学校社会工作的指导性理论来源广泛，它的研究方法也取自社会学、教育学、人类学、人口学、伦理学、社会心理学等学科。而在实践中发展出来的经验性理论，同样来自跨学科的综合。因而，跨学科视角对于学校社会工作研究极为重要。

三　自觉性研究视角

自觉性研究视角同样基于反实证主义理论范式。不同于实证主义的理论预设，强调社会结构的外在性与强制力，认为社会结构是独立于个人行动的像"物"一样外在于个人的实践的东西，且社会结构决定与支配着个人行动，个人在社会结构面前如同被动的"提线木偶"。反实证主义则认为社会结构并非存在的实物，真实存在的是一个个行动者，行动者具有主观意识，能够选择和决定自身行动，并在社会实践中形塑社会关系与结构。简言之，在反实证主义视域下，人们具有自主性、主动性和能动性，人的活动、社会关系乃至社会结构和发展都是人们意识活动的延伸。因此，基于反实证主义理论范式的自觉性研究视角，强调个体的自觉性与主观能动性。个体自觉性有两个方面的含义：一是个人能够能动地认识世界，二是个人能够能动地改造世界。前者表现为意识的目的性和计划性与主动创造性和自觉选择性；后者表现为意识对改造客观世界具有指导作用以及意识对人体生理活动具有调节和控制作用。

自觉性研究视角与社会工作对个体自觉性的关注十分契合。社会工作强调服务对象自身主观能动性的强大作用，坚信服务对象只有依靠自己才能从根本上改变自身境遇。"助人自助"的工作宗旨与原则充分体现了这一点。"助人自助"具有两层含义：一是社会工作期望通过其帮助，增强服务对象独立性；二是使服务对象在日后遇到类似的挫折和困难时，可以独立自主地加以解决。"助人自助"强调社会工作者并不仅仅将服务对象看作被动的"受作用方"，还将其看作能自行"作用"的主动方。在此基础上，社会工作者致力于助人自助，增强受助者的独立性和自主性，降低受助者的依赖性，通过提高其自助能力，发挥其自身作用，帮助其实现"自救自助、自主人生"。也就是说，更应该从自助能力建设的视角深刻地理解社会工作助人自助的本质。而这种自助能力建设的前提和本质是对服务对象自觉性和主观能动性的激发，可以说，社会工作实务的核心任务在于通过专业方法与技巧激活服务对象的主动性、自觉性与能动性，进而发挥其潜力，提升环境适应能力。

"倡导案主自决，对案主独特性的尊重，在环境中理解个人以及追求更为平等、更为合理的社会等理念，为社会工作的发展提供了很大的空间。"（范明林、徐迎春，2007）正因如此，关注个体自觉性的视角应成为学校社会工作研究的主要视角之一。基于自觉性视角，学校社会工作研究者应关注研究对象的领悟力、自决力和创造性及其在实践过程中彰显出的主体性意识。一方面，研究者需要站在社会工作者的位置，了解他们如何理解助人自助，如何评估服务对象的优势、能力与资源，如何构建服务关系并开展服务过程，如何推进服务对象由"他助"转向"自助自主"，以及如何对自己的实务经验进行解释等。另一方面，研究者亦需尝试理解服务对象及其处境，了解他们如何对自己的处境和生活经验予以解释，如何理解社会工作者的意图和关系构建，如何改变原有境遇，如何看待实践过程中自身角色的定位及其转变，以及如何评价权能感的变化等。

四　行动干预与增能研究视角

"行动研究"的概念最早由库尔特·勒温于 20 世纪 40 年代提出，经过几十年的发展演变，行动研究的内容和方法越来越丰富多元，已经成为一种跨学科和领域的研究方法。行动研究集研究、教育和实践于一体，是一种实践培力增能的助人工作方法，从其本体论和认识论的基本主张、研究目标到研究手法都与社会工作的内在特质非常贴近。行动研究秉持后实证主义知识观，强调民众参与以及与研究者一起获取和创造知识。同时，行动研究拒绝价值中立假设，认为行动研究者应该持有改变社会的价值导向。可以认为，行动研究植根于参与式的世界观，在研究过程中，必须将行动和反思、理论和实践结合在民主参与中，从而探寻有意义的行动方案。因此，行动研究不仅是一种研究方法，同时还是一个寻求介入和改变的服务过程（古学斌，2013）。

与社会工作实践一样，行动研究也强调增能（古学斌，2017）。根据增能理论，能力不是稀缺资源，人们经过有效互动，能力可以不断增强。"增能"的概念和"权力"十分密切，这种权力、能力不仅代表一种客观的存在，而且表现为人的一种主观感受，可以说是一种"权能感"。正是这种权能感可以增强人们的自我意识（陈树强，2003）。当个人通过增能获得更好的自我感受、更强的自我发展意识之时，也就意味着其有了更多处理人际关系和社会事务的机会和更强的能力。而个人权能感的丧失，源于人们在与外在环境互动过程中形成负面经验，进而形成自我负面评价。因此，要增强个体权能感，就要促进个人在与他人及环境的积极互动过程中，获得更强的对生活空间的掌控能力和自信心，以及促进个人对环境资源和机会的运用，以进一步帮助个人获得更强能力。20世纪70年代，美国哥伦比亚大学学者巴巴拉·索罗门提出开展对被歧视的美国非洲裔黑人增能的工作，从而把增能注入社会工作实践中。

基于行动干预与增能视角的学校社会工作研究过程其实是一种学校社会工作实践。学校社会工作实践在我国发展了十多年，许多社工投身于学校社会工作实践田野。从能动的实践者立场来看，学校社会工作者在多年的实践投入中，必定经历了一个探索过程，也必定积累了对专业实践与自身行动的经验。在此过程中，实践者同时也可以成为研究者，社会工作者要有意识地进行自我审视，更重要的是对自身角色、工作处境、更广泛的社会环境，以及自我所采取的行动和行动后果进行研究，从而探索如何更好地回应学生、家长等相关者的需求，如何更有效地实现个人在人际关系、社会、经济、文化等方面的权能，从而实现学校社会工作"助人自助"的实践目标，同时推动形成学校社会工作本土化知识体系。

第五章 学校社会工作本土化知识的基本特征

社会工作本土化知识体系的构建需要从本土的文化传承中寻找资源，并在中国的时空脉络下考察移植而来的知识体系及其适用性，在解构和重构的基础上将本土知识与外来知识进行有机整合。学校社会工作以社会科学知识为基础、坚持社会工作的专业视角，在实践层面强调社会工作的专业技巧和方法，在服务理念上严格遵循社会工作的价值与伦理。学校社会工作无论是在理论模型、实务模式上，还是在具体的方法上都展示了极强的科学性，这种科学性保证了学校社会工作服务的质量。学校社会工作本身除了较高的专业性外，还拥有艺术性的服务特征。在服务过程中，始终强调实践的能力。作为新的知识体系的学校社会工作本土化知识呈现了专业性、科学性、艺术性和实践性等基本特征。

一 专业性

学校社会工作本土化知识的专业性是指围绕社会工作本土化，学校社会工作的理论与方法逐步形成了自身的专业问题域、服务系统与发展路径，丰富与深化了社会工作的专业内涵，呈现社会工作本土化的专门化的发展趋势。在本土化知识体系的构成中，学校社会工作以社会科学领域的其他相关学科知识为基础，主要包括社会学、心理学、教育学等学科知识，同时坚持社会工作专业的分析性理论和实务性理论，比如优势视角、增能视角等，通过跨学科整合，形成具有专业性的学校社会工作本土化知识体系。其中，真诚、公平、正义等社会工作的价值与伦理，个案工作、小组工作、社区工作以及整合社会工作等专业方法，任务中心疗法、叙事疗法、理性情绪治疗等实务模式，这些都体现了学校社会工作的专业性。具体而言，学校社会工作本土化知识的专业性体现在以下几个方面。

首先，学校社会工作的本土化知识是社会工作专业化实践经验的本土化呈现。我国学校社会工作自 2002 年在上海实践以来，在专业化的道路上不断探索与前进，但目前尚未形成具有统一性的学校社会工作实践体系。我国学校社会工作专业化发展中存在本土化理论和模式缺乏、专业定位不清晰、制度化与职业化进程缓慢以及专业人才队伍缺乏等问题。王佳（2013）在此基础上提出，我国学校社会工作专业化发展需要在人才队伍建设、实务服务拓展、本土模式探索以及社会资源整合四个方面发力。在汶川地震灾后学校社会工作服务项目经验总结的基础上，史柏年（2012）结合具体的历史条件和时机，创造性地探索了社会工作与学校教育制度的衔接、社会工作岗位设置、专业服务方法与规程三个方面的可行性及其具体策略。

学校社会工作实践经验的本土化还体现在对专业方法的整合及灵活运用上。个案工作、小组工作和社区工作是社会工作传统的三大方法，在学校教学中三大方法的课程经常彼此割裂开展，这容易使学习者以为三大方法彼此独立，可以分别应用于不同场合。许多社会工作者（含教育者和社工学生）无论在课堂上，还是在实践中最关心的是个案工作、小组工作、社区工作是什么、怎么做，怎样运用三大方法帮助案主。大家要么将三大方法奉为法宝，要么只追求社会工作者能够像医生那样对案主的问题"药到病除"，很少思考案主为什么会生"病"，是什么社会原因造成了他们的个人困扰（张和清等，2008）。回顾社会工作的发展历程，社会工作三大方法的确曾经在相当长的一段时间里各自分立。随着理论的发展与实务的推进，社会工作开始重视和强调社会工作方法的整合与协同。学生处于多个生态系统之中，个体、家庭、学校、社区等多个系统加于学生身上的关联力，往往集中呈现为学生面临的问题与需求。因此，学校社会工作者应整合性灵活运用三大方法，联结有关处于不利地位学生的系统因素，以更宽广的视角、知识与技能来实施分析与介入。如果说确立过程化视角和获取社会资本主要是围绕学校社会工作的介入与生存空间，那么专业服务的实践则关系着发展空间。社会工作在服务实践过程中的空间建构策略可以概括为拓展、渗透和融合三种。拓展，社会工作开展的服务内容是学校原来没有的，从无到有就是社会空间的一种拓展；或者有些服务内容学校原来就有但比较零散，应急而为，时有时无，社会工作将之系统性地持续稳定开展下去，由小变大，这也是一种拓展。渗透，是将专业服务嵌入学校原有服务系统中，学校里一部分长期固定开展的活动，如班会、大课间、广播、心理讲座等，这些活动的边界弹性大，开放性好，社会工作容易进入。如果服务效果好，学校会很乐意将这些空间让渡给社会工作。融合，找出社会工作与学校原有工作内容的契合和互补之处，形成交集。如 D 市 S 职校，非常重视行为偏差青少年的德育工作，对于 50 多名因逃课、抽烟、打架等行为违反校纪校规受到学校处分的青少年，传统的重点监控、家校联动、普法宣传等方法不能有效地纠正他们的偏差行为，难以完全满足青少年的成长需求，校方希望学校社会工作能丰富学校德育工作方式及内容。在这里，学校德育工作与学校社会工作产生交集，诞生"青少年阳光成长辅导项目"，这个项目主要涉及学校原有德育体系中的学生处和心理辅导站，学生处负责提供行政支持及表达学校需求，学校社会工作者在多方位评估学生和学校需求后，设计服务项目并协助成立专项辅导小组，与心理辅导站共同进行青少年的个案和团体辅导，注重环境资源的链接，从班主任、同学、学校等层面，为青少年构建支持体系。 对于学校社会工作来说，项目的空间源于其与学校德育工作的融合，由于效果良好，学校继续大力支持并且希望这种模式能够延续下去。上述实践经验是学校社会工作的专业化实践经验的本土化呈现。

其次，学校社会工作的本土化知识是专业化服务力量的本土化发展。根据学校社会工作的归属状态，可将其划分为体制外聘任模式、体制内并存模式和体制内整合模式三种模式，其中体制内整合模式是实现学校社会工作本土化的最佳模式选择（刘斌志、林佳，2020）。对职业化发展模式研究发现，2002 年，上海浦东新区试点推行了"一校一社工"制度，拉开了政府主推学校社会工作职业化发展的序幕，并在深圳特区等地深化和发展。这些职业化发展模式并没有得到有效巩固和示范性推广，当前职业化发展模式依然以高校社会工作专业实习服务为主，并没有上升到社会政策层面。学校社会工作专业服务力量的本土化发展呈现多种发展路径。一是从项目发展的角度看具有多阶段性。伊敏（2014）基于青海学校社会工作站的经验，认为学校社会工作需要经历专业推介、专业服务试点以及正式建立社工站三个阶段。二是从服务者的不同角色看具有多层次性。将生态系统理论运用于学校社会工作具体实践，并构建具体的干预模型及机制即一例。三是从利益相关者的服务关系看具有多面向性。刘志红（2006）认为，学校社会工作需要从明确学校角色定位、建立整合的服务模式以及构建专业团队三个层面构建本土化服务模式。目前学校主要通过团委、德育处等部门进行学生的思想政治教育，也设立了心理咨询中心或心理咨询室，为学生进行心理评估，通过组织相关活动等来提供相关服务，这些内容在实践中取得了一定的成效，但是在服务整合性、覆盖层次以及贴合学生特征等方面还存在不足，学校社会工作本土化知识具备较强的实操性和多元的服务手法，在服务方式上基于学生的需求，形式新颖并考虑学生主体性的发挥，正好可以弥补传统学校工作存在的功能性缺失，配合原有的服务体系，构建出更加全面的服务模式。

最后，学校社会工作的本土化知识是学校社会工作研究本土化发展过程及结果的理论呈现。学校社会工作的研究主题，聚焦于学校社会工作实践过程中所面临的专业挑战，具有自身的特点，包括以下四个方面。一是本土实务模式研究型，主要是围绕服务需求、问题解决对本土实践经验进行理论与方法的总结、反思与探讨。涉及领域主要包括校园暴力、留守儿童、流动儿童、残疾儿童、偏差行为、心理健康、思想教育、生涯辅导和精神问题等。二是本土理论研究型，主要从理论应用于实际的过程入手，进行理想性与现实性分析，是对已有实践经验的总结提升和理论对话。现有研究主要集中在嵌入理论、生态系统理论、场域理论、赋权理论和推拉理论等方面的探讨。三是本土介入研究型，主要是关注专业服

务与现有专业实施系统之间的关联，从分析和反思学校社会工作的应用路径及组织框架入手，试图整体提升专业服务的效能。现有研究主要集中在学校社会工作对思想、学业、偏差行为等微观方面以及学校体系和框架等宏观方面的介入。四是外来经验研究型，主要通过对欧洲、美国、日本地区及我国港澳台地区发展经验的研究，为我国学校社会工作的整体制度设计提供参照。

二　科学性

学校社会工作本土化知识不仅体现了一般性的社会科学理论，而且在对这些理论实践的过程中，也从理论模式、实务原则、具体方法等方面进行了系统的反思和总结。可以说，学校社会工作本土化知识展示出了明显的科学性特征，这种科学性保证了学校社会工作服务的质量，以及系统地介入与服务整合，是学校社会工作的重要特质。学校社会工作本土化知识的科学性主要体现为社会工作服务直接改变服务对象层面的服务有效性及投入服务资源—产出服务结果的社会工作整体服务系统的效能。国外研究者将社会工作科学性的两个方面，总结为两种关于社会工作专业性的理论，即实施理论（implementation theory）和项目理论（program theory）（Rogers and Weiss，2007）。围绕实施理论和项目理论开展的社会工作实务及评估活动，保障了社会工作的科学性。实施理论关注项目如何实施。它要检验的理论假设是，项目在具有足够质量保障的情况下按照计划开展，那么项目既定的目标就能够得以实现。实施理论是指引应该检验何种目标和结果的规范性理论，关注的是项目逻辑的编排及运作。在社会工作评估中最常见的实施理论是逻辑模型（Logic Model）和 CIPP 模型。这两类模型的共同之处是将一个完整的社会工作项目按照"投入""过程""产出""结果""影响"等几个部分进行切分，并且假定被切分的不同部分之间遵循线性因果逻辑。项目实施者按照不同部分组织服务活动；服务评估者利用图示来展现服务项目各个部分之间的先后逻辑，并根据图示中各个部分的具体内容对项目进行核查。但实施理论关注的是项目的形式因果逻辑，不为项目中存在的实质因果机制提供解释。项目理论则依托于社会科学理论（social science theory），超越了实施理论的形式因果逻辑（Chen and Rossi，1980），是涉及干预计划服务提供与结果之间的因果机制解释的因果理论。它侧重于服务参与者对干预计划的回应。改变的机制（mechanism of change）不是项目活动本身，而是项目活动所引起的反应（Weiss，1997）。与实施理论提前预设项目各个部分之间的线性因果逻辑相比，项目理论更加关注潜藏于项目实际运作中的深层机制。社会工作通过服务评估和专业研究试图追踪项目实际运作中潜藏的理论基础。在实务过程的基础上，专业评估及研究者者必须界定和测量项目参与者在干预前后的经济、社会、心理、生理等方面的情况，并检验项目干预和这些不同结果之间的因果关系。

我国社会工作本土化知识的科学性，体现为根据实施理论和项目理论对社会工作实务进行研究（刘江、张闻达，2020）。首先，基于实施理论的社会工作实务研究主要有三种不同类型。一是对社会工作服务项目进行以结果为导向的服务评估。在以结果为导向的评估体系中，较为常见的是 20 世纪 90 年代后逐渐发展出的系统模型和 CIPP 模型，前者以输入、过程、输出和反馈为核心要素，后者将项目评估分为背景评估、输入评估、过程评估和产出评估（朱晨海、曾群，2009）。二是将过程、结果和效益评估进行整合，形成具有内在统一性和协调性的评估模型。整合的评估模型以项目推进时间为轴线开展相应评估，使各单元具有内在统一性；同时将过程、结果和效益评估整合到一起，有助于打破过程与结果、效率与效益之争（刘江，2015）。三是借助能够清晰阐释项目输入、执行过程和项目目标之间因果关系的逻辑模型，使用探索性因子分析和路径分析方法，构建项目管理指标体系（刘江，2018）。其次，在社会工作评估实务中，项目理论主要源于两类理论。第一类是"为社会工作的理论"（theory for social work），这类理论用来对人与社会本质、人的行为与社会运行规则和机制进行说明解释，是社会工作与社会学、政治学、心理学等其他学科共有的理论基础，为社会工作实践提供了一套抽象的理论假设。如将社会信息加工理论（吴帆等，2016）、治理理论（栾晓，2017）、复元理论（杨锃、郑宏，2018）等纳入对儿童行为介入、社区精神康复以及政府购买项目等的评估中，这些理论为社会工作实务评估和知识研究提供了解释基础。第二类是"社会工作的理论"（theory of social work），这类理论用来对社会工作实践本身的价值、目标、过程、方法、技巧等进行说明，是社会工作独有的且主要应用于社会工作领域的理论，如生态系统理论、增能理论等，这些理论为社会工作提供了一套具体的实务指南。如有学者以"人在情境中"视角为基本框架，运用系统整合模式构建出社会工作评估的层次深入模式（吴伟东，2004）。

三　艺术性

学校社会工作本土化知识除了严肃的专业性、科学性特征外，还具有艺术性特征。艺术对应的英语单词是"art"，强调"诚实"，既指"理智的诚实"，也有另一层含义，即试图将人本身的"诚实"与存在主义意义上的"本真性"联系起来。在实践过程中，学校社会工作者会坚持案主自决的原则，用优势视角、增能、人在情境中等视角去理解、帮助服务对象，始终相信服务对象，给予服务对象支持和肯定，不会指责、批判服务对象，不会将服务对象问题化。在具体服务提供中，学校社会工作结合学校、学生的具体特点，以需求为导向，提供全面、优质、有针对性的服务，这些都体现了艺术性的特点。沿着社会工作在应用伦理实践中体现艺术性的理路，其核心问题在于社会工作到底试图建立一种怎样的关系。在建构性社会工作中，这一点尤其得到重视。David Howe（1996）的结论就足以体现社会工作的关系性特征，即所谓"好的社会工作"就是建立服务对象对社会工作者的接纳和理解。这构成了"当事者性"中的一个重要面向，即从服务使用的当事者的立场出发，来看何为良好的社会工作。社会工作的"当事者性"与社会工作所强调的"以服务使用者（案主）为中心"的观点有所区别，其体现出更强的

"艺术性"。

首先，以案主为中心的观点与提倡当事者研究之间并不矛盾。可以说"当事者性"包含"以服务使用者（案主）为中心"。其次，如果说"当事者性"既包含被服务者的当事者立场，同时也包含社会工作者作为服务提供方的当事者立场——这就意味着，当事者间的动态的互动关系构成了真正的"社会工作实践"。当我们聚焦人们的互动过程时，所谓的实践就是"信息发出者与接受者之间的关系"，主要关注的是语言如何被使用以及达成怎样的目的。事实上，在社会工作实践中，一旦不细致留意其中"信息发出者与接受者之间的关系"，就容易产生证据（或话语）被支配权力政治化的危险。对于艺术性，服务提供者的"诚实"与专业"本真性"的追寻至少包含两层含义。一是警惕对专业权威的强调容易陷入一种典型的"主动－被动"式的二元对峙的服务关系（王国羽等，2012：59）。二是关注当事者群体内部所蕴含的深刻的分化和矛盾（杨锃，2015）。单单倡导抽象意义上的服务使用的当事者立场，仍存有被主流话语所支配的危险。再次，警惕被科学主义代表的主流话语支配，需要通过挖掘实践的艺术性面向接纳专业的不确定性。Jordan（1978）在对社会工作本质的讨论中，就已敏锐觉察到了社会工作实践知识的复杂性，甚至是不确定性。面对 Sheldon（1978）所主张的社会工作的实践知识来自实证科学，即"强调能够被实实在在观察到的改变，而非只是从对话当中推断改变的印象"，Jordan 对 Sheldon 所抱有的科学主义，尤其是社会工作科学化的乐观主义进行了批评。他指出了 Sheldon 产生乐观主义的原因，认为这种乐观态度以为所谓的社会工作的科学知识可以直接有效应用到社会工作之中，但事实往往令人失望，原因在于没有深入理解社会工作助人的某些本质特征——社会工作助人实践中的诸多问题并不能通过可清晰测量、计算和预测的方式加以解决，为此，他总结到：社会工作需要对一种真正道德的、社会的以及政治的困境保持开放，并学会与无法避免的不确定性、困惑和问题共存（Jordan，1978）。

最后，从艺术性出发，社会工作者终将走向一种开放心智，从而使专业实践具备超越现实社会的潜能。在面对证据和话语可能被政治化、专业性不可避免地被专业权力所异化时，社会工作者作为提供服务的"当事者"又该如何行动？这就意味着"（社会）工作者们必须对案主或其他人的语言和行为的重要性，以及人们在社区中共存与合作的微妙过程更加敏感"（Jordan，1987）。对此，迈向艺术实践的社会工作者就应当秉持一种独特的审美态度，才能在真正意义上复归社会工作的传统，去修复并拯救社会工作的本质属性。那就是重视非正式协商，为了保持其社会属性而甘愿放弃体制化角色的正式性。社会工作不同于其他专业服务行业的独特性就在于此。换言之，社会工作越是远离其非正式属性，就越丧失其独特性（Parton and Byrne，2013：27）。

从艺术性视角来看，学校社会工作者的独特身份在一定程度上决定了其非正式属性，如何以其非正式身份融入原有的正式服务系统中，并实现有效的协同，是学校社会工作者处理关系的艺术。站在学校管理者和教师的角度上看，学生服务的大部分内容业已存在于现有的学校体系中。例如，学校有专任心理辅导老师承担学生的心理咨询、情绪管理、人际交往等工作；职业中学也有针对职业生涯规划和就业辅导的专职部门。学校社会工作的独特之处或立身之本，嵌入学校架构后的定位与合作，这些直接影响学校社会工作社会空间的问题是政府、学校和社会工作所共同面对的，需要被明确有力地论证。在此过程中，可能会呈现实践的艺术性特征，以 D 市为例，2009 年，D 市委、市政府就出台了推动社会工作发展的系列政策文件。文件发出后，D 市政府随即召开了由试点学校负责人参加的座谈会，主要目的是向对社会工作进驻学校后的服务开展拥有话语权和影响力的人们系统性地推介学校社会工作。同时也组织相关负责人去参观香港的社会福利服务和社会工作机构服务。政府这些自上而下的有力推动为学校社会工作提供了难得的空间，是学校社会工作能够顺利进入学校体系的"准入证"。但一役难以毕其功，社会工作进驻后仍需继续面对和细致解决社会空间的建构问题。对于社会工作来讲，身份的接纳与认同，空间的介入、挪用与创造在一定程度上依赖于从学校关系网络中获取资源的能力。这些资源可以归为两类：一是学校负责人、教师等相关人员对社会工作在精神层面的接纳与认同，这虽然与服务开展无直接关联，但对于社会工作者心理需求的满足而言十分重要；二是现实层面的支持，包括办公场地设备的提供、服务时间场所的让渡、服务机会的给予等。这两类资源对于学校社会工作的生存与发展十分重要。社会资本是一种嵌于个人行动者社会网络的资源，产生于行动者外在的社会关系，其功能在于帮助行动者获得更多的外部资源（赵延东，2007）。社会工作者获取社会资本可以从正式、非正式两种途径入手。正式途径主要是指社会工作者与分管的校级领导、所属部门负责人、相关教师等进行工作上的沟通，其中最典型的便是工作汇报。社会工作者入驻初期，有的学校要求每隔一段时间进行一次汇报，有的学校要求上报年度计划和年度总结即可，有的学校则没有明确要求。社会工作者获取社会资本较好的策略是积极提升存在感和价值感，不管校方要求如何，社会工作者应在对方不感到烦扰的前提下定期或者不定期以口头、书面或网络方式与其进行沟通，这有助于让校方了解社会工作，打消对社会工作工作方式和内容的误解，为获得支持与资源打好基础。例如，G中学的社会工作者在访谈中提到："我每月要写总结报告，交一份去机构，交一份去学校。学校这边我先交给心理老师，然后心理老师统一呈交上去，主任、校长都会看。我开始以为总结报告交上去校长不会看，但后来半年评估的时候，校长给我写评语时可以详细地说出我哪些地方做得好，还一条条地列出来。我就觉得很神奇，原来校长是有看的。"非正式途径下的关系网络更为多元，社会工作者不仅要与学校领导、老师、学生，还要与保安、宿管及其他后勤人员等建立关系，表达融入意愿，强化存在感。网络中的任何人都有可能提供有价值的信息或资源，在社会工作者开展服务时可能会给予便利和支持。非正式途径下关系网络的互动更多发生在办公室之外的道路、食堂、宿舍、操场、教室等地，社会工作者掌握基本的礼仪，进行简单的问候与对话，有利于资源的获取。L学校的社会工作者在访谈中就提到了"打招呼""主动出击""脸皮要厚"等关系网络建立和社会资本获取的经验。"我觉得微笑一下、点一下头、问一下早上好是最基本的礼貌和尊重，时间长了，你就认识了他们，他们也认识了你。你要主动出击，每天都去不同的桌子上吃饭，反正你看到桌子上有人，你厚着脸皮上，人家聊什么你就跟着聊什么，你插得进去再说，先把关系打好，关系打好后，别人就认识社会工作了，会给我转介个案，提供建议和方便，支持我的服务。"这些都体现了学校社会工作实践的艺术性，社会工作者通过非正式协商的艺术实践实现了行动目标。

四　实践性

社会工作是理论与实践并重的学科，社会工作的服务过程始终强调实践的力量。学校社会工作的实践性特征指出了学校社会工作本土化知识与社会体系、专业实践的关系。社会工作知识不仅仅是用专业理论指导实践，而且还伴随着本土化实践对专业知识的反馈；不仅呈现理论与实践之间循环促进的特征，而且体现出实践渐进与本土化知识形成相互构建的统一过程。

首先，从单一的专业实践体系参考走向多元的实践体系比较。一是受到社会工作教育先行的影响，美国学校社会工作经验早期对我国学校社会工作发展的影响较大。我国的学校社会工作研究肇始于肖乐 1989 年编译的美国《社会工作概论》（1980 年出版）一书中的学校社会工作内容（肖乐，1989）。鲁艳桦（2011）系统梳理了美国学校社会工作所经历的传统临床模式、社区学校模式、学校变迁模式和社区互动模式，并就每种模式对我国开展相关实务的启示进行了探讨。二是珠三角地区邻近港澳，学校社会工作专业实践体系受香港影响较大。香港学校社会工作发展经历了民间开展时期（1965~1978 年）、政府推行时期（1979~1990 年）、整合实施时期（1991~1997 年）和综合模式时期（1998~2014 年）四个时期（刘斌志、林佳，2020）。香港模式对珠三角地区的学校社会工作发展有较大影响，有学者认为其专业化与制度化建设较为成熟，主要采取传统临床模式进行介入，并形成了比较清晰的理论基础、工作方法和管理体制等优势（管向梅，2004）。三是学校社会工作不局限于特定的实践体系，走向多元比较的自主发展。例如，在英国，"学校社会工作"是不常用的概念，当地教育部门及政府将之称作"教育社会工作"或"教育福利服务"，而从事这一工作的人被称为"教育福利官员"（程晋宽，2011）。学校社会工作者不受雇于学校，而是根据社会服务部门规定，为儿童和家庭提供单独的社会服务，主要关注儿童权益保护问题。英国学校社会工作嵌入社会福利体系、聚焦儿童权益保护的实践体系，具有自身的社会体系背景。程晋宽（2011）在对英国、美国和加拿大的学校社会工作发展进行比较分析的基础上，认为各国学校社会工作发展模式虽然有差异，但在价值观、目的和原则上都有着共通之处，因此，我国学校社会工作需要增强文化自觉、制度自信与理论创新。

社工在提供专业服务实践的同时，面临的一个重要问题就是"在做中学"，并且"学以致用"，在实践中检验，如此循环往复。社工的"在做中学"的方式主要有三种。一是制度化的实务培训与参观交流。政府、社工协会或机构组织共性的或针对学校社会工作领域的专项培训，在经费、人力上给予保障和支持。在积极拓展培训的同时还注重培训的持续性和系统性：邀请内地和港台的资深社工或有影响力的学者以讲座、工作坊、研讨会等形式进行培训；同时也鼓励社工到香港、台湾、深圳、广州、北京等地参观交流。二是制度化的专业督导。D 市聘请香港资深社工督导年轻社工，首批试点的 10 所学校共 20 名社工均由香港督导规范地进行个别和团体督导，问卷调查和访谈均表明社工对香港督导的认同度较高，认为在督导过程中可以学习到许多实用的技巧和理论。LG 学校的社工说道："我觉得现在的 ZH 督导，他现在是我的督导，我觉得他做得很好。其实呢，我做督导助理他教了我很多，真的很感谢。他是我们很尊重的导师。碰到个案时怎么处理的，所涉及不同的理论和技巧有哪些，流程如何，然后团队中每个人都去找相关资料，最后整合，形成一个资源套，以后遇到类似案例，可以有个指引和参考。这个资源套可以共享，如果再遇到类似个案，即使你之前没遇到过，但有了那个资源套，就会好很多，你做完后还可以继续补充，这样，就会越来越完善。或是经典的能量册，这个是针对小组的，做得很好。我们马上要开展集体督导了。这次要修改那个学校社工手册，就是把大家做的全部活动啊，小组啊整合到一起。"① 还有一部分学校由镇（街）聘请香港社工或内地高校教师进行督导。此外还有同辈督导，专业素质高的一线社工晋升为督导助理、见习督导后对本领域社工进行定期的个别和团队督导。学校领域的社工彼此间进行专业交流、案例分析或情绪支持。三是主动反思与学习。社工在参加培训和督导之外，还要制订个人学习计划，阅读相关的理论和实务书籍，进行个人专业服务反思和总结："我做社工有四年多了，其实是有慢慢的成长。我个人会注重反思，我开一个小组，开完后我会去想开小组的过程里面学生的反映、存在的问题。我会去总结，尽量在下一次活动中避免出现同样的问题，我觉得这就是一个成长的过程。经验来自工作实践，我目前接触的群体都是学生，学生的问题比较集中，如焦虑、失眠等情绪方面的问题，解决这些问题一开始可能会觉得无从下手，可是慢慢也会有思路总结出来，怎样看待学生的问题以及怎样去引导，其实是在实践中慢慢地改善和提升。"② 学校社工尤其是工作时间较长的社工，他们在为学生提供专业服务的同时也收获许多。社工能够从学生身上积累服务经验，获得肯定和成就感，积累危机事件的处理经验，甚至能够从有些学生面对巨大变故时的坚强、勇气和责任中获得启迪与力量。每个人都有巨大的潜能和优势，"助人自助"是"用生命影响生命"的过程。在这个过程中，社工并非单纯的施予者，因为他能够获得来自案主的馈赠，这种馈赠可以转化为社工继续前进的动力。另外，在助人的过程中，社工本身的思维会发生改变，看问题的视角会有所不同，会从不同的侧面去想问题，会了解到不同的面向；性格会趋于平稳、平和；问题处理能力、人际沟通能力、社会交往能力等都会得到提升。因此学校社会工作者在服务实践中助人与自助的关系是双向发展的，即社工与服务对象在一个共同投入的互动关系与过程中，建立真实联结，在彼此经验启迪中获得共同成长的机会。学校社会工作者呈现更多元的实践样态。

---

① 资料来源于田野访谈，编号为：DGXXSGCZLG2。
② 资料来源于田野访谈，编号为：DGXXSGCZLG2。

其次，实践中的张力与冲突会激发反思，促进学校社会工作本土化知识的发展。从某种程度上说，学校社会工作者大部分时间都是在进行相关专业实践，通过具体的服务帮助服务对象，而不是单纯的说教。长期的实践沉淀形成了专业的实践模式，这些模式有利于服务效率和质量的提升，切实回应了学生、教师、家长、学校和社区的需求。与此同时，学校社会工作者在实践过程中也经常会遇到伦理困境，这些伦理困境指引专业研究者深入理解议题，将普遍性的伦理共识用于具体情境，从而提升自身具体化的专业知识理解水平。大部分学校社会工作研究者及实践者对于普遍性的伦理议题，在一定程度上能达成统一的认识，但对于像"案主自决"这样的专业原则在具体实施上仍存在分歧。

对于 D 市而言，学校社会工作实践中所面临的张力与冲突还有一个相对独特的体现，那就是 D 市流动人口数量庞大，远远超过本市户籍人口。流动人口为城市的繁荣发展做出了巨大贡献，但由于公办学校数量有限，无法接收全部外来人口子女，为了解决外来人口子女入学问题，D 市积极鼓励和扶持社会团体及公民个人开办民办学校，并加大管理力度，设立 D 市民办学校扶持专项资金，用于鼓励和扶持民办学校发展，但部分民办学校仍然存在管理制度不完善、办学设施简陋、教学质量参差不齐等问题，而且民办学校一般比较注重学生的知识性教育，较少涉及文化、艺术、社会责任感等方面的教育和培养，素质教育相对滞后。民办学校的学生基本上是来自全国各地的外来人口子女，在语言、文化、能力等方面存在差异，也存在朋辈交往、班级融合、适应城市生活等方面的困难。一些镇（街）出资购买社会工作服务，由社会工作机构派驻社会工作者前往学校开展专业服务，有针对性地开展个案服务、小组活动，通过不同形式的辅导及活动协助学生解决交友、校园适应等问题，同时带领学生进行社会实践，增强学生的归属感，提升学生的适应能力。F 学校是 D 市有直接派驻社会工作者的民办学校之一，学校社会工作者重点以小学生、中学生为服务对象，亦配合学校开展教师服务。针对小学生，以个案服务为主，主要针对学业困难、心理适应等问题开展服务；针对中学生，配合学校主题教育，以发展性小组为主要形

式开展团体活动。学校社会工作者在服务深耕的过程中探索服务项目化运作的方式，受到校方和学生的肯定。与其他类型学校的学生相比，D市多所职业技术学校的学生面临更多挑战。中职学生是一个比较特殊的群体，他们年龄大多在15~18岁，正处于易冲动的青春期，再加上他们大多是因为高考失败才来到这里念书，文化基础相对普高学生来说较薄弱，大众对他们的认可度也不高，认为他们是"问题学生"，就连父母对他们也不抱太大的期望，在多面"夹击"下，很多学生会出现自卑、自暴自弃、缺乏责任心、缺乏上进心、我行我素、吸烟等"负能量"的心理或行为表现，因此D市中职学校长期以来都非常注重学生的德育工作及校风、校园文化的建设，期望给予学生更多的正能量。派驻到中职学校的社会工作者，由于角色和立场的不同，相对于传统的学校工作方式，更注重通过一种轻松有趣、自助互助的方式提供就业辅导、人际交往辅导、心理咨询与社会适应辅导、法治教育辅导、家庭教育辅导等服务，帮助学生制订职业生涯规划，协助学生正确认识自我，提升与锻炼各方面能力，使学生学习、生活更有追求和目标。作为有派驻社会工作者的职业技术学校代表之一，D市理工学校是一所以理工科为主、财经类专业为辅，并承担D市中等职业教育研究、中等职业教育联合办学和中等职业学生实训等职能的"四位一体"的全日制中等职业技术学校。学校社会工作者联合学校相关部门，结合不同年级学生的需要开展阶梯式的服务，并探索开展项目化服务，例如，在一年级开展"青春成长同伴行"新生关怀行动；在二年级开展"领袖培训""朋辈互助计划"等服务项目；在三年级通过"梦想启航计划"协助学生做好高考和就业准备，促进学生完善生涯规划。在多年的尝试中，渐渐形成项目的服务有"梦想启航计划""健康校园计划""朋辈互助计划"等。

第六章　学校社会工作本土化知识的基本功能

知识源于实践，又对人类实践有着重要的指导作用。联合国 1960 年出版的《国家社会服务方案的发展》一书指出，社会工作是一种协助个人及其社会环境，以使其更好地相互适应的活动。社会工作是一种助人的活动，是社会工作者为求助者提供资源以帮助其走出自助困境的过程，而最终的目标是通过客观的助人来达到受助者主观上的自助，即"助人自助"（王思斌，1998）。其目的是增加人们的福利，使人得到全面发展，能够顺利地通过人生的各个阶段，充分发挥自己的能力，扮演好社会角色，为社会做出应有的贡献，进而促进社会公平、社会进步以及社会和谐。《中国社会工作百科全书》认为学校社会工作目的在于帮助学生或学校解决所遇到的某些问题，调整学校、家庭及社区之间的关系，发挥学生的潜能和学校、家庭及社区教育功能，以实现教育目的乃至若干社会目标。

在社会学中，功能主义或称结构功能主义（structure functionalism）是社会学家涂尔干（Emile Durkheim）和斯宾塞（Herbert Spencer）在 19 世纪提出的。结构功能主义十分注重研究社会运行和社会发展的平衡、协调机制，是一种维护型的社会学理论。它强调的往往是"稳定的秩序"（贾春增，2005）。任何一种文化现象，不论是抽象的社会现象，如社会制度、风俗习惯、思想道德等，还是具体的物质现象，如手杖、工具、器皿等都有满足人类实际生活需要的作用，即具有一定的功能。它们中的每一个都与其他现象互相关联、互相作用，都是整体中不可分割的一部分。美国社会学家帕森斯认为，任何社会系统都是内部分工与相互依赖的整体。不同部分满足不同的社会需要，都对整个系统的存在发挥功能，从而达到系统的平衡与稳定。具体来说，他认为在社会系统中，行动者之间的关系结构形成了社会系统的基本结构。社会角色、作为角色系统的集体，以及由价值观和规范构成的社会制度，是社会的一些结构单位。

在结构功能主义看来，社会系统为了保证自身的维持和存在必须满足四种功能条件（库少雄，2002）。一是适应（adaptation），即社会系统对环境的适应功能。包括对环境给系统的限制和压力的顺应，以及对环境的积极改造。系统必须同环境发生一定的关系，为了能够存在下去，系统必须拥有从外部环境中获取所需资源的手段或能力，或者说，系统必须具有通过采取某些手段来控制环境状态的能力。二是目标达成（goal attainment），即社会系统确立总目标的功能。系统的目标是指某种期望状态，任何行动系统都具有目标导向，系统必须有能力制定总目标和确定各目标的主次关系，并能调动系统内部的能量和引导社会成员去实现目标。三是整合（integration），即协调社会系统各组成部分，使它们达到某种程度的团结从而开展有效的合作。任何行动系统都由各个部分组成，为了使系统作为一个整体有效地发挥功能，必须将各个部分联系在一起，使各个部分之间协调一致，不致出现游离、脱节和断裂。四是维模（latency pattern maintenance），又叫"潜在模式的维持"，即根据某些规范与原则，维持系统行动秩序与活动方式连续性的功能。系统在运行过程中会暂时中断，即处于互动中止时期，原有的运行模式必须完整地保存下来，以保证系统重新开始运行时能够恢复互动关系。系统必须拥有特定机制以经常维护处于潜在状态的模式，维持社会共同价值观的基本模式，并使其在系统内保持制度化。在社会系统中，执行这四种功能的子系统分别为经济系统、政治系统、社会共同体系统和文化模式托管系统（李迎生，2004）。这些功能在社会系统中相互联系。帕森斯认为，社会系统是趋于均衡的，四种必要功能条件的满足可使系统保持稳定。社会工作作为一种助人的专业活动，也是一种社会制度，具备社会制度的功能。它所救助的主要对象就是那些在社会系统中不能很好地扮演社会角色的弱势群体，在社会中处于较差的社会地位或缺乏获取社会资源的机会，需要国家和社会给予支持和帮助的群体。他们在AGIL系统中，无法顺利地扮演社会角色、维持自我秩序并保持平衡，即受助者的行动系统不能正常运转，当这种子系统越来越多时，就会对其他子系统甚至社会系统造成严重的影响。

社会工作作为社会系统的枢纽和润滑剂具有重要功能。它在各等级的系统之间进行信息和能量的交换和疏导，从而帮助受助者完成自我实现，推动整个系统的发展。因此，对于个体而言，在一个社会共同体中，社会成员要想很好地生存，首先，要适应他所在的客观社会环境，这就需要其具有能够顺利生存的手段和能力；其次，每个人作为社会中的一员，必须能够达成其所在系统的既定目标；再次，社会成员在进行社会活动时，要遵守社会整合的规则；最后，当社会系统暂时中止或被破坏时，社会成员能够将原有内化的模式维持下去，以保证自己及整个社会系统的连续性维系。在这四个过程中又分为两种情况：一种是社会成员能够顺利通过自己的手段和能力来达成系统目标，遵守社会规范和规则，当系统中止或受到破坏时，其能够调动各种资源或进行自我调节，从而很好地维持下去；另一种是社会成员由于某些原因，不能顺利通过自己的手段和能力来达成系统目标，或认识不到社会规范和规则的重要性，不能很好地遵守，当系统中止或受到破坏时，社会成员也不能进行资源利用、整合或进行自我调节，个体在社会化的过程中受到了阻碍，个体系统运行不下去。人作为社会性的个体，每个人都生活在社会中，在成长的过程中都要进行社会化，否则无法顺利地生存下去。在这个过程中，社会系统逐渐地将每个人的文化观念和价值取向进行内化和制度化，以使其达到一致性。内化是社会层面的文化观念和价值取向被社会行动者认同、嵌入自己心理结构和行为模式中，即社会的文化模式和角色期望转化为人格系统。内化的直接意义是一般性规范深入个别性人格，内化的间接意义则是一般性规范通过个性化行为实现了制度化。内化进入人格系统，制度化则展开于社会系统，两者辩证统一、持续进行，从而不断地创造和维持着社会系统的一致性。当然，由于个体的差异及生长环境的不同，不是每个人的社会化都会那么"成功"，为了保持社会系统的正常运转，就需要对这些再社会化的社会成员进行适当地引导和教化，使他们顺利地完成社会化。那么，从个体到群体再到社会，这三个系统的运行都遵循同一原理，在各系统运转中，都会不同程度地出现问题，这就需要进行引导和调整，而学校社会工作作为一种"助人自助"的活动，就在这一过程中发挥着重要的功能。

遵循结构功能主义的思维路径，对学校社会工作功能的理解应该按照从小的子系统到大的社会系统的递进关系，从个体、群体和社会三个层面来考察。

一 个体层面的功能

任何社会成员在其成长的过程中都会遇到困难和问题，如果这些困难和问题得不到顺利的克服解决，个人就不能正常地生存和成长，也不能享受到良好的生活条件。因此，学校社会工作就是为了克服和解决这些困难和问题应运而生的。学校社会工作的个体功能实质上就是通过分析受助者面临的困难，向其提供直接、具体的帮助，以使其恢复正常的生活，促进个体与社会环境相互适应，从而促进个体自身发展的功能。

在个体层面，学校社会工作采用一种基于潜能的方法来定义和理解发展的过程，认为所有青少年都具备积极成长和发展的潜能而不是"可能的"缺陷，摒弃了以消极的态度看待青少年发展的取向。此外，它注重对个体与情境间的交互、内外部资源的挖掘，并力求使工作者或研究者以一种更为全面和积极的视角看待青少年。勒纳（Lerner，2004：109-143）最终整合了五个较为成熟的指标，分别为：反映自我价值和自我效能积极感受的自信（confidence）指标；包含社交能力、学习能力、认知能力等的能力（competence）指标；彰显个体与朋辈群体、家庭、学校等交流和互动的联结（connection）指标；呈现是非观念、道德意识的品格（character）指标；关护与同情（caring and compassion）

指标。值得注意的是，当一个青少年达到以上五个指标后，他便能够自然而然地实现对他人的贡献，因此自然产生第六个指标，即贡献（contribution）指标。许莉娅（2009）则从目标的维度上进行了区分，她认为学校社会工作可以分为终极目标、中期目标和具体目标。终极目标是使学生获得良好与幸福的人生；中期目标是协助学生为现在所居住的世界与可能要面对的世界准备他们自己，是一种能力层面和生活方式层面的目标达成；具体目标则是回应学生的直接需求或困境，比如协助学生清楚地了解和知觉自己的处境、心理及行为状况，帮助学生与支持资源进行联结等。

学校社会工作关注青少年的主体性、能动性，并意识到青少年成长生活环境的重要性，因此，应该将青少年自身和生长环境有效联结起来，并注重对内外部资源的挖掘。学校社会工作的专业价值有助于改善问题导向的介入模式。社会工作是一个价值取向比较明显的专业，强调"助人自助""平等""尊严"等价值观，核心是"人"的理念，强调人的潜能和改变的力量，这与整个社会的主流价值观是非常契合的，而且对不同人群有着更高的接纳度。学校社会工作的服务理念强调学生的力量，基于优势的视角，注重发挥学生的潜能、促进学生参与，构建更加和谐与人性化的管理体制。一般来说，其核心理念包含以下几点：一是所有青少年都有积极成长和发展的潜力；二是青少年所处的关系、情境和生态系统对他们的发展有着基础性作用，青少年只有参与到这些层面中去，才能获得积极发展；三是所有青少年都能够从与他人相处、融入情境的过程中受益，应注重增能、参与、支持等方式；四是社区对青少年发展起着关键的作用；五是青少年是促进自身积极发展的主要行动者。因此，促进青少年积极发展就涉及内部条件和外部条件两个方面。一方面，从个人外部条件来看，包含来自家庭、伙伴、邻里和学校的支持，对青少年的增能，对青少年的积极期望和合理限制。另一方面，从个人内部条件来看，包括与学习动机、学习习惯、学业水平相关的学习表现，积极价值观，社交、沟通、决策等社会能力，包含自尊、目标感在内的积极同一性。这些条件，对青少年是否能获得积极的、正向的发展起着决定性作用。因此，若想促进青少年的积极发展，就应注重对这些条件及相应资源的挖掘、培育与维护（付聪，2020）。相应地，学校社会工作知识在个体层面可以发挥以下几个方面的功能。

一是人格塑造功能（陈成文、孙嘉悦，2011）。人格塑造功能主要指学校社会工作通过活动的连续实施，促进服务对象公民人格的最终塑造。由于社会变迁、家庭或个人原因，有些人可能会暂时或较长时间地陷入困境，难以正常地生活及进行良好的自我实现。虽然如此，他们作为人的基本属性并不因此而完全泯灭，仍不同程度地具有善良、责任、尊严、荣誉、对成功与成就的追求等人的基本属性。对生活上有困难的人给予必要的帮助是学校社会工作的重要任务，学校社会工作的功能则是通过上述服务来恢复和促进受助群体及有需要群体的正常生活（刘少杰，2006）。正常生活是大多数人的基本要求，是现代社会公民应有的基本权利，也是维持社会秩序、促进社会和谐的基础。实际上，促进服务对象正常生活就是提高他们的能力和维护他们的权利，就是增进他们的社会功能，维护他们的尊严和促进他们生活于其中的社会环境的改善，使他们能像其他人那样正常地生活。学校社会工作将服务对象置于社会化交际生活，使其能够最大限度地承担家庭和社会责任，并在此基础上进行心理引导和行为规范，促进服务对象的再社会化，使其形成健康人格，最终能够以普通社会成员的身份顺利回归社会。在马斯洛的需要层次论中，人类价值体系存在两类不同的需要，一类是沿生物谱系上升方向逐渐变弱的本能或冲动，称为较低级的需要，包括生理需要和安全需要；另一类是随生物进化而逐渐显现的潜能或需要，称为较高级的需要，社会需要、尊重需要和自我实现需要都属于这个层次的需要。即生理需要—安全需要—社会需要—尊重需要—自我实现需要是五个递进的层次（帕森斯，2003）。本书将这五个层次划分为三个阶段。将生理需要及安全需要两种低层次需要划为温饱阶段；将社会需要及尊重需要划为小康阶段；将最高层次的自我实现需要划为富裕阶段。马斯洛还认为，人在自我实现的创造性过程中，产生出一种所谓的"高峰体验"的情感，这个时候人处于最激昂的时刻，是人的存在的最高、最完美、最和谐的状态。高层次的需要比低层次的需要具有更大的价值。热情是由高层次的需要激发的。人的最高层次需要即自我实现需要就是以最有效和最完整的方式表现他自己的潜力，唯此才能获得高峰体验。学校社会工作正是将受助者的需要层次最大化提高，通过引导和塑造，使其逐渐由温饱阶段进入富裕阶段，最终完成个体的自我实现，使受助者形成健全的人格，顺利地完成再社会化。

二是情绪调节功能。学校社会工作的情绪调节功能即在社会化的过程中，学校社会工作者帮助受助者调试和稳定情绪，从而减轻不良情绪对个体心理活动效率的不利影响。人类心理活动包括情感过程、认识过程和意志过程三个密切联系、相互影响的基本方面，其中，情感过程是认识过程和意志过程的心理背景，对信息的接收、选择、加工、储存、回忆、思维等认识过程，对态度、动机、行为等意志过程，都有发动和协调作用。在积极稳定的情绪状态下，个体心理活动的效率高，思路开阔，解决问题准确迅速，不易被困难和挫折阻止；相反，在不适度的情绪状态下，无论是积极情绪还是消极情绪，都会影响到心理活动的效率和意志活动水平。如情绪低落，则心理活动水平低，对外界刺激反应迟钝，思维行动迟缓，稍遇困难就停止行动；如激动、兴奋过度，则意识范围狭窄，考虑问题不全面，易盲目冲动做出决策和行为。人类情绪活动也受认识过程的影响和制约。认识的调整可以减轻过度的情绪体验对心理活动效率的不利影响。学校社会工作者的任务就是避免受助者的情绪影响心理活动的效率，当面对突发事件或重大问题时，不会有太大的情绪波动及焦虑和不安，在社会化的过程中，能够应对自如，保持稳定的情绪从而提高做事效率。提高个体适应社会、与社会相协调的能力，从而促进社会公平与社会和谐。

三是学业性支持。学业性支持主要针对学生学习成绩下降与厌学或逃学两种状况。在学业性支持上，社会工作者扮演支持者的角色，社会工作的情境视角与资源支持视角，使社会工作者避免对学生进行内部归因。一是在接到需获得学业性支持的学生个案时，社会工作者应避免对服务对象的标签化与刻板印象，从学生近期所处的环境变化、所遭受的可能性困境、所失去的资源等方面入手，挖掘服务对象遭受学业困境的根本原因。例如：家庭中是否发生了重大变故？是否因遭受校园欺凌而产生厌学、逃学情绪？同辈群体中是否产生了消极的"群体亚文化"？二是在明确服务对象的困境后，社会工作者便需要有针对性地开展帮扶。三是与服务对象一起积极创造改变条件。社会工作者将服务对象视为具有潜力的、主观能动性的主体，将服务对象遭受的困境视为一种挑战和机遇。因此，应避免大包大揽，力求与服务对象一起积极发掘资源与条件，以应对学业性问题。

四是人际关系改善。学校是青少年社会化的一个非常重要的场所，青少年的大部分活动都是在校园人际交往的过程中实现的，人际交往是青少年社会化的基本途径，也是青少年身心健康成长的重要内容。因为人际关系往往关乎青少年能否在学校中获得社会交往、心理发展等层面需求的满足，以及积极自我概念的形成。个体与情境之间的互动影响着个体的发展，在这一过程中，社会工作者应发挥好促进者的作用。针对人际交往出现障碍的学生，社会工作者可以采取一对一或一对多的个案或小组工作方法，在与学生建立信任关系的基础上，分析问题形成的根源，激发学生的潜能和改变动力，共同制定目标和干预计划，有针对性地改善学生的人际关系。同时，社会工作者可以在校园开展人际交往主题活动，从校园氛围的营造着手，为学生营造互帮互助、和谐友善的校园环境，通过校园公告栏宣传、开展团队性比赛等一系列方式，培养学生联结、关护的品质，使学生形成积极的价值观，增强自身价值感，并拥有来自朋辈群体的支持。

五是激发学生潜能，增强其自信，促进学生的校园参与和社会参与。通过参与实践课程和活动，青少年不仅能够提高自身能力与增强自信，养成良好品格，也能增强与他人、学校、社会的联结，奉献自我从而贡献社会。在此过程中，社会工作者扮演使能者的角色，开展成长性主题活动、小组发展活动、校本课程活动，使青少年发挥自身潜力，亦可使青少年自主设计活动主题、活动形式、活动任务，以充分发挥其主观能动性。此外，学校社会工作者也可以将志愿活动、志愿服务、劳动教育、自然教育、爱心活动与团日活动、少先队活动结合起来，提高青少年的社区和社会参与度，使其在实践中实现自我奉献。

六是去"标签化"，改变教师、家长及学生的刻板认知。学校社会工作实践为老师和家长提供了认知层面改变的可能。在过去的一段时间，很多人习惯将学业成绩差、不服从老师管教、违反学校规定的学生界定为"差生"，老师们也倾向于从单一学习维度去判定学生是"好"还是"不好"。实际上，这一评价往往带有诸多负面色彩，并不利于学生的成长与发展。因此，社会工作者应扮演好倡导者的角色，使老师、家长能够采用一种更加全面、客观的方式去看待青少年的发展。一般来说，可通过家长会、主题讲座、教师培训等形式来促进家长和教师的改变，既可以由具有专业经验的社会工作者来开展，也可以聘请青少年领域的专家、学者来讲解，其最终目的是使老师与家长摘下"有色眼镜"，认识到青少年的可塑性、发展性及潜能，掌握协助青少年培养自信、联结、能力等方面素质的技巧。

七是特殊行为应对与预防。这一层面涉及家庭虐待、校园欺凌等的应对与预防。社会工作认为所有青少年都展现着一定的积极特性，而社会工作者需要做的是，当青少年面临困境时，协助青少年走出困境，促进其各方面积极特性的发展和发挥。以校园欺凌为例，一般情况下，欺凌者身上可能展现着一定的"能力"或"联结"特性，却缺乏"品格"、"关爱"和"同情"等特性。相对而言，就被欺凌者来说，"能力"、"自信"和"联结"可能有所缺乏。因此，社会工作者应对个体特征进行界定和识别，并有针对性地加以提升，以优势视角鼓励学生积极勇敢应对校园欺凌问题。此外，社会工作者可以利用自身优势将服务与学校日常教学和管理活动相结合，形成合力，共同建构预防、沟通、干预的保护体系。针对其他特殊行为，社会工作者除了动员校园资源外，还可以邀请相关领域的专业人士，为青少年开展反性侵讲座、自我防护讲堂等，提升青少年相关能力与意识，使青少年掌握处理特殊情况的技能与技巧，使其能够获得身心的健康发展。

　　此外，志愿服务活动是学校社会工作本土化知识在个体层面发挥功能的一个重要载体。一般来讲，专业社会工作进入学校之前学校是没有现代意义上的志愿服务活动的，传统的志愿服务活动也很难吸引学生的参与。通过服务的开展，学校社会工作者发现对于学校社会工作来讲，志愿服务活动是一个较好的拓展学校社会工作服务范围的平台。因学生群体的年龄特点和需求，学生不仅是被服务的群体，他们更是有意愿参与提供社会服务的群体，以此来发展其社会功能。因此，D市的学校社会工作者进入学校后，在信任关系初步建立起来的基础上，一般都会开展志愿服务活动，搭建志愿服务平台，动员、组织学生参与志愿服务。志愿服务平台激发了学生参与志愿服务的积极性，很多同学都有意愿参加其中，在参与的过程中获得感动、学习和提升。在这一过程中，学校社会工作者应秉持"以学生需求为本"的理念。研究发现，学校社会工作者在搭建学校志愿服务平台的过程中非常重视学生需求的满足，关注学生志愿者的成才，激发学生志愿者的参与动力。除了参与志愿服务意愿外，学生还会面临较多的影响参与的客观因素。比如，志愿服务活动多在周末或假期开展，而学生又多分布在各个镇街，活动距离太远或天气炎热等成为很大的阻碍因素。还有一些有一定实施难度的志愿服务，对学生能力、团队合作、服务方法等有较高要求，也容易使学生产生挫败感，打击学生参与积极性。因此，对学生志愿者的需求回应不足，会非常影响学生参与的积极性。在实践经验的总结中，社会工作者大多认为活动后的分享非常重要。分享可以让学生志愿者在开展志愿服务中的挫败感得到及时的处理，特别是对于持续性的、时间长的活动，每次活动后都要细致了解他们的实际问题并尽量去解决。如"生命回忆录"（组织学生志愿者协助老人回忆生命故事）志愿服务结束时社会工作者会书面向志愿者反馈他们在活动中的表现并赠送相关活动照片。之后很多志愿者都添加了社会工作者的微信，学生志愿者会在微信上表达参与活动给他们带来的改变，比如学会了与老人沟通、改变了与家里老人相处的方式等。因此，社会工作者与志愿者联动模式应重视对学生需求的回应，让志愿者在志愿服务过程中看到自己的进步和成长，这种对需求的回应是志愿者能坚持下去的重要因素。

学校社会工作者还会针对学生学业中的现实需求来开展志愿服务活动。如 Y 中学，学校社会工作者将学生的学分需求与志愿服务参与过程中学生的成长有机结合，较好地激发学生志愿者参与志愿服务活动的动力。学生志愿者通过参与志愿服务活动，可以获得学校规定的社会实践必修课的学分认证。此类志愿服务参与者大多是高一学生。在活动开始时社会工作者担心很多同学仅仅是为了获得学分认证才参加活动，但在三年多的实践中发现，在每一年的活动中都看到学生们在修学分之外还做了很多志愿服务的努力，对活动的投入度较高。此类志愿服务志愿者的流失率很低，一般每次活动开始招募 30 名学生志愿者，能坚持到最后的均在 25 人以上，其中中途退出的也多是因家庭旅游或者与其他补习课程时间冲突，很少因参与意愿下降而离开。三年多的学校社会工作实践证明志愿服务活动如能有效回应学生的需求，学生都乐于参与。此外，学校社会工作者还要让学生在志愿服务活动中有获得感和成长空间，这就需要对学生志愿者进行"输入式""同行式"督导，在支持学生开展志愿服务的同时促进学生成长。活动中的支持以及活动后的总结和反思是学校社会工作者促进学生志愿者在志愿服务过程中获得成长的重要环节。学校社会工作者在协助学生开展志愿服务的过程中发现学生会遇到各种困难，例如在口述访谈活动中，有些学生会遇到听力或表达能力不太好的老人，此时社会工作者应给予学生一些具体的指导和心理陪伴支持。这一环节一般通过活动结束后分享会或小组督导会的方式进行，以达到支持学生志愿者成长的目的。一位进驻学校三年的社会工作者表示，他在学校的三年经常组织志愿服务活动，跟不同的组织合作，合作方反馈学生志愿者服务的热情度极高。在观察中也可以发现志愿者参与活动是很辛苦的，有些志愿者距离活动地点很远，他们早上 7 点前就要出发，中午没时间休息，活动完还要打车回去。在活动中压力也是很大的，但在社会工作者的支持下他们一直坚持完成活动，并表示比较开心，也获得了成长。经由活动中的支持以及活动后的总结和反思环节，学生志愿者参与度明显提高，学生也更有意愿参与实质性的工作和承担更具挑战性的工作。

二 群体层面的功能

作为一种在学校领域内实施的专业服务活动，学校社会工作的主要功能是协助学生与家庭、学校、社区建立良好的关系，以解决学生在社会与情绪方面的困扰、问题，纠正其偏差行为，促进学生更好地成长、发挥潜能及适应学校与社会生活，最终达到促进社会和谐发展的目的。具体来说包括以下五个方面：一是促进教育机会均等化；二是改善家庭、学校、社区之间的关系，形成教育合力；三是协助学生获得实用知识和能力以适应现代生活需要；四是协助学生获得适应变化的能力，发挥成长潜能；五是培养人格统合能力，塑造健全人格（李晓凤，2010：7~11）。社会工作通过对社区、组织（单位、学校、工厂、团体等功能社区）的干预、调节，促进社区内人们相互间沟通，改善组织的外部环境和组织内的结构，运用社区组织和社区发展的方法，使社区中的大多数人认识社区的共同问题，达成共识，一起行动去改善社区环境。社会工作通过在群体内部发生作用，对群体的内部系统进行整合，有利于群体的建设和发展。

整体而言，社会工作对群体具有目标导向、规范约束和价值整合的功能。一是目标导向功能。目标导向行为是一个选择、寻找和实现目标的过程。任何一个社会群体都有自己特定的目标、规范和价值观念。在实现群体目标的过程中，有时需要一个机构或部门对其运转进行导向并确立群体目标，使群体中的大多数人认识群体的共同问题，达成共识，一起行动改善群体环境，提高整合程度，这就体现了学校社会工作的目标导向功能。社会工作能够有效地协助一个社区的民众对该群体的发展进程和方向进行有效的控制管理，以实现群体目标（刘祖云，2007）。社会工作行政作为一种专门的工作方法，就是在一个社会福利组织内部为了把政策转变为服务，协调所有服务活动，达到特定的机构目标而进行的行政管理及协调活动，包括计划、设计、组织、人事、协调、评估等一系列内容。在实现群体目标的过程中，社会工作者秉持客观、公正的态度，提高整体系统的效能，从而为系统的良性运行提供保证。当某一目标实现后，学校社会工作者继续对这一过程的效能进行评估，防止资源和人力的浪费，进一步优化群体建设，根据实际情况制定新的目标。二是规范约束功能。一个群体的良性运行和协调发展有赖于恰当的规范。这种规范既包括硬性规定，也包括道德约束。在中观层面，组织或社区常常要有一个约束群体成员的规范体系来维持系统的平衡和发展。这就需要作为第三方的社会工作者来守住这一底线，通过规章制度的宣传或道德规范的约束，纠正和规范群体成员的行为，避免其出现越轨行为。当有越轨行为出现时，社会工作者能够及时发现并解决，通过各种方法帮助失范者步入正轨。在现有的组织或社区中，正是缺乏这样一个第三方，导致规范约束力不足和腐败滋生，因此这种第三方是很有必要的。三是价值整合功能。在单位、社区中，在实现群体目标的过程中，个体的价值观起着很重要的作用，只有价值观一致，才有规范和结构的协调，才会使社会成员行动一致，这样才更有利于群体目标的达成。社会工作者主要的作用在于将群体的整体价值体系内化到个体的价值观念中去，用正确的理论和思想引导人，从而使每个个体能够更加顺利地融入群体中去，促进目标的顺利实现。当某一群体内部价值观一致时，该群体在发展的过程中就更加有效率并且更加具有集体意识（马斯洛，2007）。同时，社会工作者还能有效地协助一个社区的民众和团体进行统合和协调，有效地提高其社会生活适应能力。

学校社会工作在群体层面的功能，具体而言体现在以下几个方面。

第一，学生群体是学校社会工作的首要对象，学校社会工作能够提升学生群体应对困境的能力。学生在校期间可能遇到的困难有很多，出现的问题已不仅仅是其个人问题，常涉及家庭、学校、社会等方面的因素，复杂多样、综合交织。比如，刚入学的适应性问题，考试前的心理准备问题，学习上的各种具体障碍，情绪和行为偏差问题，家庭中发生的各种问题包括家庭关系问题、家庭经济问题、突发事件等，同辈群体交往中的各种人际关系问题，情感问题，等等。学生群体普遍面对的各类问题，均可通过学校社会工作所提供的预防性、发展性和补救性的专业服务得到解决。首先，提升学生群体的抗逆力。抗逆力是一种能力，个体抗逆力较高就能有效运用内在的保护因子和外在的保护因子去对抗现实或虚拟生活中遇到的不利于个体发展的困境。而学校社会工作的主要内容之一就是帮助学生提高抗逆力，以应对学习和生活的挑战。特别是当个体面对自身或家庭出现的重大变故时，抗逆力有利于个体冷静分析当前处境，寻找自身可以利用的资源，例如，朋辈群体的支持、家人的关心、教师的鼓励、社区提供的帮助及宏观政策法规给予的保障等，从而克服危险性因子（王前瑞、苏果云，2017）。抗逆力教育，同时也有助于缓解青少年在遭遇重大突发事件后产生的创伤后应激障碍。抗逆力教育有助于学生形成看待问题的不同视角，利用自身或外在的资源去发现问题、分析问题，从而达到解决问题的目的。只有个体寻找到适合自己的应对策略，才能摆脱不利处境，才能促进身心健康发展。有些个体的抗逆力不易被发现，但对自身发展不利的情境却能在一定程度上激发个体的抗逆力，从而使个体能够较为轻松地去应对来自自身或外界的挑战。其次，提升学生群体应对危机的能力。在处理大学生突发事件时，高校辅导员可以合理运用学校社会工作的个案工作方法，帮助学生战胜危机、重新适应生活。危机干预旨在对处在心理危机状态下的个人采取明确有效的措施，使之最终战胜危机，重新适应生活。美国学者贝尔金认为，按照平衡模式的观点，危机状态下的案主通常都处于一种心理情绪的失衡状态，他们原有的应对机制和解决问题的方法不能满足当前的需要。因此危机干预的工作重点应该放在稳定案主的情绪上，帮助其重获应对机制和解决问题的能力，使他们重新回到危机前的平衡状态。最后，帮助学生个人成长和社会化，促进其健康发展。学生在学校中不仅要获得知识、技能和思维，还要在身心健康等方面得到良好的发展，顺利实现社会化。在这个过程中，学生常常会遇到诸如情绪、行为、人际关系和家庭等方面的问题，而教师和家长难以及时、妥善地加以解决。学校社会工作者可以减轻学生的担忧和顾忌，促进学生与教师、家长之间的沟通，协助学生及时有效解决问题。学校社会工作者通过协助学生解决遭遇的各种问题，并促进学生从问题解决中获得个人能力的提高，积累同类问题的处理经验及预防问题的再次出现，从而帮助学生持续成长。学校社会工作的最终目标是促进学生全面发展，实现学校教育的目的，协助学生为现在及未来的生活准备自己。D市学校社会工作者就以志愿服务为载体，以此发展良好的学生人际关系和校园关系。首先，通过志愿服务活动，特别是寒暑假志愿服务活动，学生跟社会工作者之间建立了信任关系，增进彼此之间的了解和信任，学生提高了建立和发展良好人际关系的能力。其次，社会工作者在校内开展中秋节、母亲节等节日活动，在学校内组织一些摊位游戏，或者组织学生志愿者教其他同学做一些贺卡或动员其他同学参加社会工作活动，在活动过程中促进学生之间关系的发展。在教师节，社会工作者组织志愿者做有创意的贺卡送给老师，还会记录每个班的成果然后做成展板在校园展览，让老师看到学生对他们的祝福，发展了师生关系。

第二，在校教职工是学校社会工作的重要利益相关方，学校社会工作能够提升学校的教职工和管理者的专业化水平。教职工对学校、学生和教学的态度、认识和行为会影响整个学校工作的常态进展。校内的教职工和管理者对学生的健康成长一向倾注很多精力，他们与学校社会工作者有着共同的目标，学校教职工和管理者是社会工作者的重要依靠者和支持者，双方必须充分合作，共同探索和解决遇到的所有问题。同时，教职工和管理者也是受益者，学校社会工作者能转变教职工的认识和纠正其教育行为的不当之处，使教师改进教育工作，促进自身成长，推动院系和学校的整体发展，增进和谐师生关系（张大鹏，2013）。一是促进问题发现。很多老师认为自己的教育方式并没有什么问题，在社会工作知识的指引下，社会工作者能及时发现师生间的问题，促进师生沟通，找到问题缘由，并及时地解决问题。二是推动共同成长。学校有促进学生成长的责任，社会工作者也要扮演促成者的角色。在应对挑战的过程中，学校社会工作者势必要求老师和学生做出改变，这样可以使双方更容易互相接受。运用学校社会工作的理论与方法，能够促进师生双方的这种改变。三是进行主题学习和专业教育。学校是教育机构，学校成员都有教育学生的义务。社会工作者也常常扮演教导者的角色去教育学生，并且其可以运用专业技能为师生提供专门的信息、知识和工作方案。四是提供专门治疗，促进功能恢复。社会工作者可以利用个案工作、小组工作、集体活动等方法对师生进行治疗，以解决问题、消除隔阂。在扮演治疗者时，社会工作者并不是单纯的心理治疗师，还可以运用手中所掌握的社会资源，为有困难师生解决一些问题，这样有助于获得师生的信任，以便更好地开展工作。

面对学校的教职工群体，学校社会工作者还应该结合学校社会工作中有关合作和沟通的知识，与教职工群体开展联动。学校社会工作者作为学校体系里的"嵌入者"，要得到学校师生的认同和接纳，较好地融入学校原有系统，是不太容易的事情，这正是拓展学校社会工作发展空间的工作重点和难点。我国学校社会工作经过近20年的专业实践，逐步积累、沉淀了相应的专业经验和服务模式。面对学生流动性较大、学生一届一届入校和毕业的实际情况，D市学校社会工作者做了较多的实践探索和思考。比如每年开学时，学校社会工作者都会到每个班走访并向老师派发服务宣传卡片，介绍学校社会工作。此外，学校社会工作者还会定期选取吃饭时间、班会时间等开展摊位宣传、主题班会、小组活动等，通过宣传和具体的服务让教职工更好地了解学校社会工作的性质、理念、工作方法及工作内容，提升社会工作在校园中的认知度，促进学校社会工作服务环境与原有学校教育环境的融合。

学校社会工作在进入学校后，一般会在组织架构层面和学校原有的相关部门进行对接，较为常见的部门包括德育处和团委。由于学校德育处和团委基本面向全校学生，其人力资源较为紧张，同时也面临服务创新性方面的困境。在G中学团委部门负责人看来，一方面，高中升学压力大，不管是教师还是学生都以学业为主，学生心理健康问题日益复杂多元，班主任和心理老师经常分身乏术，在预防青少年心理问题方面时间相对有限；另一方面，不少学生对老师存有敬畏的心态，在寻求帮助自己解决问题的对象时，更愿意选择社工。但社工需要与学校其他部门及时沟通合作，才能更好地开展服务。因此，许多学校社会工作者主动与本校团委或其他部门实施联动，尝试协助学校开展大型活动，以更好地促进活动中学生的参与。学校有关部门也会提出一些诉求，社工多数会积极回应，比如有些活动是学校团委提出初步想法，说明活动的目标，然后由社工主导实施，在此过程中社工会结合学生需求、团委需求和社会工作的工作性质设计活动，并使其中尽可能多地具备社会工作元素。如在 K 中学，社工在进行资料收集和需求分析的基础上，主动与德育处主任进行沟通，希望利用校园广播这一平台开展专业服务，德育处允许试运营两周，在取得良好效果后学校同意校园广播可以由社工长期负责策划与设计。再如 S 职校，德育处主动与社工沟通，希望学校社会工作能丰富学校德育工作方式及内容。

此外，学校社工进入学校场域后，也会尝试与心理辅导老师联动，探索功能互补、角色分工的协助模式。如 G 中学的社工谈道："我觉得社工和学校是互相补充双方之间的一些空白领域，然后也是一种相辅相成、互相成长……比如和心理老师之间，心理老师侧重治疗性服务，社工侧重预防性和发展性服务。心理老师侧重通过诊断、测验等治疗学生的心理困扰和障碍，社工侧重从人与环境的角度发展学生的社会功能。但同时我们会共享辅导资料，社工也会参与商谈辅导方案，然后像心理周这种比较大型的活动，社工也会作为主要的工作人员与心理老师一起推进。通过这种分工合作去发挥各方面的专长，会取得更好的效果。"D 市学校社会工作经过近十年的实践探索，现已与心理辅导形成以下常见的联动形式：社工与心理辅导老师一起策划开展心理讲座，心理辅导老师负责讲授心理知识，社工负责前期组织和讲座后的具体个案跟进，以及开展具有承接性的小组活动或社区活动；合作举办学校趣味运动会，一起开展心理周活动，心理辅导老师关注学生心理问题的缓解，社工关注学生外在的校园环境的改变。此外还有社工和心理辅导老师的个案合作，比如班主任会向学校社工反映班级学生的具体问题，学校社工随后和心理辅导老师一起讨论如何分工合作开展个案服务；心理辅导老师和社工都会开展个案服务，但所使用的方法不一样，社工的优势是可以走进宿舍、班级和家庭开展个案跟进，弥补了心理咨询服务场域的局限性，实践证明，学校社工与心理辅导老师合作开展个案服务效果显著。

第三，学生家长也是学校社会工作的服务对象，学校社会工作能提升家长的参与积极性。学生在成长过程中遇到的许多问题都与家长及家庭有关，学校社工需要向家长了解学生的个性、思想、经历和家庭生活表现等情况，并在此基础上帮助学生，也给学生家长提供改善教育方案和解决问题的咨询服务，使其正确教育子女并与之相处，并配合学校的工作。学校社工还应着重同家长联系，改变家庭关系中的不当之处，努力为学生的成长营造良好的家庭氛围。多数大学生在接受高等教育阶段远离家乡和父母，由于种种原因在读书期间与父母见面或交流的机会并不多，很少有学生会主动将自己在学校遇到的各种困难和苦恼告诉父母，或向父母寻求自己人生选择方面的建议，所以一些家长鞭长莫及，难以与子女沟通交流。对家长而言，学校社会工作的内容包括帮助其管教子女，促进学生的健康成长，协调家长与学校的关系，加强父母与子女的沟通联系，当家庭出现问题时，能够及时介入并帮助解决。

三 社会层面的功能

按照帕森斯的结构功能主义，个体、群体的发展促进了社会的发展，社会的进步又为个体和群体的发展提供了保障。三者同在一个系统中，互相影响和制约，因此必须协调发展，这也是社会工作所追求的目标。社会工作注重整体、部分及其相互间的关系，并不是单纯解决单一或个人的问题，而是将社会环境的前因后果也考虑进去。作为一种社会制度，社会工作在宏观层面也发挥着功能，对整个社会起着整合和导进的作用。它可以通过社会政策的规划、社会工作行政、社会工作研究与咨询，从社会环境入手，解决关系全社会大多数人利益的全局问题。

一是社会整合功能。社会工作的社会整合功能是维持社会秩序和推进社会公平。功能主义学派认为，整合功能使规范内化为个人的行为准则，进而将社会成员的行为纳入一定的轨道和模式，以维持一定的社会秩序。一方面，社会整合包括价值整合、规范整合和结构整合三个方面的功能。其中，价值整合是最重要的一种功能。只有价值一致，才有规范和结构的协调，才会使社会成员行动一致。规范整合是使价值内化为个人的行为标准，从而维持一定的社会秩序。结构整合是使社会的每一个结构都发挥出自己的功能，并与其他结构所发挥出来的功能联结起来，实现功能的互补，从而对整个社会的运行发挥作用。另一方面，社会整合还包括社会资源的整合与社会关系的整合。在社会运行的过程中，由于信息渠道不畅通等因素，需求与资源之间不能实现有效对接，学校社会工作者可以通过自身的活动使不同的资源整合起来，帮助有需求者寻求资源，帮助有资源者最大限度地发挥其资源的作用。同时，社会工作者还能够整合社会关系、疏通联络渠道，帮助人们获得感情上的补偿，由此来增强人们对社会的归属感，以减轻工业化和城镇化迅速发展所带来的人与人之间关系淡薄等不良影响。因此，学校社会工作的整合功能是维持社会秩序和实现社会和谐的基础。

二是社会导进功能。有计划地推进社会进步是一项巨大的社会系统管理工程。而社会各子系统的相互协调则有赖于学校社会工作者在其中调适，主要是通过目标调适、机构和制度的调适、人员行为的调适等，达到各部分的协调与行动一致，实现社会管理与控制。通常，社会工作在一般意义上来说是具体解决社会问题的专业活动，对有困难人士问题的解决不但可以给他们以实际的帮助，而且由于这些问题的解决可以减轻因问题激化而可能导致的对社会秩序的冲击，从而有助于社会稳定。在这里，社会工作通过提供服务而间接地发挥社会管理的功能。社会工作还能巩固社会进步的成果。每一次社会的改革与进步都需要巩固其新成果，并且新制度还需要具有客观中立价值观的部门去支持。因此，社会工作在巩固社会进步的新成果、建立和维护新制度中起着不可或缺的作用。一般而言，社会工作通过服务化解矛盾、解决问题，从而达到维持社会秩序的效果。在解决问题的方法上，社会工作不但强调社会秩序的重要性，也强调不尽合理的社会结构和制度环境会造成社会问题，因而要通过改变环境、完善制度来解决问题。所以，社会工作可以从更深层次上发挥维持社会秩序的功能。社会工作有利于促进社会和谐。社会和谐是社会各构成要素之间良性互动，社会成员之间相互接纳、平等相处的生活状态，人们之间具有良好的关系和社会支持是健康社会的表现（陈成文、孙嘉悦，2011）。在社会快速转型时期，原来相对稳定的社会关系体系被打破，人们之间良好的共同体关系受到了伤害，并引发了诸多社会矛盾和问题，有可能导致社会的动荡与混乱，从而威胁社会的稳定。社会工作者作为专门助人的职业，能够通过具体服务为和谐社会建设做出重要贡献。不但如此，社会工作者通过自己的服务，也可以在社会上弘扬服务和慈善精神，促进互相关爱的良好社会风气形成。这样，学校社会工作就直接或间接地发挥着促进社会和谐的功能。具体而言，主要表现在以下几个方面。

首先，填补学校学生教育管理机制中的空缺。当前，我国社会处在社会转型和时代变迁的新时期，学校的内外部环境发生了很大变化。多元的社会结构、复杂的利益关系、被颠覆的价值观以及参差不齐的信息流动等都深刻地影响着学生的思想和行为，学生在成长过程中面临的问题也更为复杂多元，学校传统的学生工作体系已经无法满足新时期学生的成长需求，这使得当前学校的学生教育管理机制面临很多挑战。有学者在分析现有学生工作模式局限性的基础上，提出学校社会工作发展的必要性和功能性，认为学校社会工作可以以服务理念弥补教育理念之不足，以需要为本弥补任务为本之不足，以优势取向弥补问题取向之不足，以授权增能弥补控制管束之不足，以团队合作弥补独立作战之不足，以引导道德实践、生活实践弥补德育知识化、政治化之不足（许莉娅，2012）。另外，社会工作与传统的思想政治教育、心理咨询辅导等在针对学生服务的目标上具有一致性，但专业基础、工作方式、工作领域和实际效果各有所长，应该取长补短、互相协调。对于填补学校学生教育管理机制中的空缺而言，学校社会工作具有以下几个方面的功能。一是在预防机制方面，比如，自杀预防，鲁可荣、杨亮承（2010）认为应将社会工作的方法技术介入大学生心理与行为服务体系以及日常校园生活中，从而构建全生态的高校社会工作服务体系；针对学生的偏差行为，需要建立更为精准化、人性化、动态化以及智能化的监控体系，从而做到防患于未然（刘斌志、林佳，2020）。二是在治疗机制方面，社会工作者可以与学校心理咨询老师和相关部门开展合作，治疗学生的心理问题及矫正偏差行为，有助于完善学校的学生心理工作机制（姜峰等，2008）。三是在发展机制方面，传统学生工作模式倾向于问题视角，更多强调对学生的管控和约束，忽略了学生的主体性和能动性，同时也扼杀了学生的积极性。学校社会工作秉持优势视角，注重学生增能，采取不同的工作方法和技巧促进学生全面发展，有利于完善学校的学生管理及服务机制（许莉娅，2012）。

其次，丰富学校教育内容，体现教育、管理和服务多元化的需求。将社会工作引入学校，是教育改革结合学校外部协作的重要体现。从目前的实际情况来看，各级各类学校承载的任务太多，已经超出其自身的能力范围和条件。学校教育改革中的一些问题并不是其自身所能解决的，而是与社会制度、社区、家长等方面有关，需要共同协作、综合解决。学校社会工作机制的建立应是整个教育改革的一环，目的是建构完善的学校辅导团队，终极价值是促进学生的权益保障和发展。学校社会工作可以弥补班级授课制的不足。班级授课制是至今最为有效的教学组织形式，也是其他形式所不能替代的，但是它无法充分关注教育中重要的个别需要与生活指导。关注每一个学生，实现因材施教，仅仅依靠班级授课制和教学活动的改革是不够的。有学者认为，学校社会工作可以通过"四点半学校"的托管服务促进学校—家庭—社区的合作，从而保障学生的最大利益（任晓秋、周纯义，2011）。

最后，促进观念转变、推动教育系统优化。学校社会工作不是在学校体制内，而是在学校体制之外开展服务，主要采用个案工作和小组工作的方式，在一定程度上可以与教师一起关注每个学生的学习和成长。这是一种专业化的服务行为，可以帮助学校教育发挥更好的作用。社会工作者在专业服务体系下开展学校社会工作，可以完善教育功能，协助学生在班级授课制中获得一些个别化与生活化的教育，使学生健康成长。学校社会工作是适应现代社会分工合作需要的专业服务，有利于学校与家庭、社区之间加强联系，确立统一的教育目标。现代社会的职业分工越来越细，服务所需的技术也越来越精，现代教育制度的专业化程度越来越高，这要求学校内教师与行政人员各司其职，避免彼此的协调和沟通不及时。学校社会工作有助于扭转单纯依赖学校的教化功能、一味强调学校在教育中的责任，而忽视家庭与社区的影响的局面。完善的现代学校不仅需要任课教师与行政人员，还需要社会工作者的配合和服务。

D市学校社会工作社会层面功能的发挥主要体现为在更宽广范围中的联结与整合。D市学校社会工作从 2009 年发展至今，与社会资源建立了四种联结方式。第一种是学校社会工作＋项目社会工作。为发现和整合现有社会福利服务体系尚未普遍惠及但广大民众迫切需要且普遍欢迎的公益服务项目，D市于 2011 年 10 月开展首届公益创投活动。学校社会工作积极拓展相关服务资源，加强与项目社会工作的联动，其中青少年、矫正等领域的社会工作项目，是学校社会工作拓展服务的重要资源。例如"童真、童梦，同心行"关爱儿童发言权项目、S 中学向日葵志愿者服务项目、少年法眼活动课三个服务项目，均立足于社区环境，运用社区资源促进与带动青少年的成长与发展。以上项目的突出特点是，学校社会工作与项目社会工作联动开展服务。学校社会工作的最大优势是立足学校，有良好的校园关系、较高的师生接纳度和认可度，有一定的校园资源，长期和学校师生相处，对校园师生问题和需求有全面的把握；较大的弱势是对于学生在发展中遇到的某一问题或需求介入的深度和持续性不足。而项目社会工作多是聚焦某个群体的某一特定问题展开，开展具有针对性、持续性强的专业介入，也较多地拥有来自校外的资源，比如团委、民政、妇联、司法等政府资源，专门服务青少年的社会组织、高校、研究机构以及心理咨询资源等，也基于长期关注和服务某个群体的某一问题积累了相应问题解决的丰富实务经验。这些优势都是学校社会工作应加以整合的。项目社会工作大多非驻校社会工作，因此与学校社会工作相比项目社会工作对校园环境的熟悉度较低、与学校原有系统的信任关系较弱、对师生整体需求的把握不足、与师生信任关系较弱、对校园资源的动员效果较差。而以上弱势恰巧是学校社会工作的优势。研究发现，多数学校社会工作者较为认同上述对于项目社会工作和学校社会工作的优劣势的分析，实践中他们也积极联动项目社会工作者，比如通过与项目社会工作者的合作将青少年项目实施地点放到学校，项目社会工作者进校开展有关青少年成长、犯罪预防、家暴预防等内容的讲座或小组活动，也会整合专业心理资源对在校学生开展心理辅导。同时，学校社会工作者也会组织学生参与项目社会工作者开展的小组或社区活动，取得了较好的实践效果，并积累了较丰富的项目社会工作和学校社会工作的联动经验。

第二种是学校社会工作 + 枢纽型社会组织。在 D 市的枢纽型社会组织中，市团委和市妇联分别推动成立的 G 青少年服务中心和 B 家庭服务中心与学校社会工作的服务人群有较大重叠。D 市 G 青少年服务中心在 2012 年 5 月正式开始试运营，除在市中心建立市一级"G 青少年服务中心"外，还在全市 32 个镇（街）建立镇（街）一级"G 青少年服务中心"。G 青少年服务中心除直接服务青少年外，还引导青少年服务社会。D 市 B 家庭服务中心从 2009 年开始筹备，于 2010 年 8 月成立全市首家家庭服务中心，已先后在 10 个镇（街）建立了 12 个 B 家庭服务中心。B 家庭服务中心以妇女、儿童和家庭为主要服务对象，提供个案辅导，免费心理咨询，危机处理，互助、支持及治疗小组，家长教育等服务。

第三种是学校社会工作 + 社区综合服务中心。D 市自 2011 年开始创建社区综合服务中心，中心分布在 D 市各个镇（街）的不同社区，为社区居民提供综合性社区服务。强调优先满足老年人、残疾人、困难居民、青少年的服务需求，逐步拓展到社区所有人群和企事业单位。青少年活动室是每个社区综合服务中心必备的功能室之一，主要针对社区青少年、儿童开展读书、娱乐活动和帮教服务，促进青少年健康成长。社区是学生在学校之外的重要生活场域，是学校外部环境。学校社会工作可通过社区社会工作与社区内和教育或学生福利有关的利益相关方建立紧密的联系和良好的合作关系，同时通过与社区社会工作的联动整合校园周边社区资源，促进不同利益相关方之间的联动，加强学生、家庭、社区以及学校之间的互动，为学校社会工作的开展提供有力支持，促进学校社会工作的发展。如学校社会工作通过与社区社会工作联动，利用社区资源或社区平台开展亲子活动、关爱老幼活动、志愿服务等。学校社会工作还通过与社区社会工作的联动组织学生参与社区教育与社区服务，以加强学校、家庭、社区之间的互动。学生在参与社区活动过程中更加深刻地认识到身边社会环境，在参与志愿服务中提升社会功能。给学生提供参与和体验社区服务的机会，也是对学校教育的有益补充，使学生在真实社会生活环境中体验、学习与成长。如 D 中学的学校社会工作通过与社区社会工作的联动，充分运用社区资源开展关爱老人、儿童、残疾人、外来人口等社区服务，让学生在参与中了解和认识社会，在服务中锻炼和提升各项能力；在亲子活动中，学生改善与增进了与家人的关系，促进了家庭的沟通；学校社会工作与社区社会工作合作为困难学生家庭申请经济援助与组织募捐，解决了家庭的经济危机，也促进了邻里的互帮互助，最终促进了团结友爱社区的创建。此外，学校社会工作也会利用寒暑假的时间加强与学校附近社区社会工作的联动，实现服务资源的整合，例如 S 中学学校社会工作者会主动联系学校附近的社区社会工作者，如孤儿院、敬老院中的社会工作者，整合相关资源协助开展服务。这样的活动学校社会工作者每年寒暑假都会开展，而且将其视为重点服务。此类活动多为大型活动，具有较大影响力，学生也乐于参与，一次活动参与的学生多达 100 人。D 市一所特殊学校也重视社区社会工作与学校社会工作的联动，此模式的实践取得了较好的服务效果，服务范围和内容有所突破，例如，对部分有听说能力障碍的学生开展小组活动，通过社区社会工作逐渐将活动扩展至校外，并与社会资源（公益机构、服务点社会工作）有了更多实质性的合作，融合教育成为学校社会工作服务的一个重要方面。

第四种是学校社会工作＋其他相关服务。其他岗位、项目虽不以学生为主要服务对象，但在实际服务过程中，可能会涉及作为学生的青少年，服务对象会产生交叉与重叠。

　　将以上四类专业服务纳入学生服务的系统中，建立多元专业服务资源的整合模式，开展学校社会工作。青少年专项公益项目与 D 市 G 青少年服务中心及 D 市 B 家庭服务中心等枢纽型社会组织覆盖的场域并不固定，因项目主题和青少年的活动空间而弹性变化。另外，B 家庭服务中心着眼于家庭，这是青少年社会化最重要的场域之一，深刻影响着青少年的人格、情绪、人际关系等方面，许多学生在学校表现出的问题很有可能是家庭问题的延伸，问题的解决场域必须扩展至家庭。社区综合服务中心主要覆盖学生日常生活所处的社区场域，社区层面青少年服务的开展有利于建构互助性的邻里和同辈支持网络，例如，当学生放学而父母尚未下班时，社区这个场域就显得尤为重要；社区环境设置、氛围好坏都会影响学生的行为和思想。其他相关服务与青少年专项公益项目一样，场域分布广泛而又机动，能够回应学生活动场域的变化，有利于服务的开展和效果的达成。通过与上述四种社会服务资源系统的合作，学校社会工作能够更好地发挥社会功能，运用更多资源实现工作目标。在场地和物资的提供、活动程序的设计等许多方面，彼此可以互通有无、相互支持。当然，学校社会工作除积极将合作伙伴"引进来"外，还要"走出去"寻找资源开展合作。通过资源链接与合作，学校社会工作者能够对在校学生的朋辈交往情况、闲暇消遣方式及社区层面的动态有比较充分的了解，有利于制定更合适的介入策略，将服务由学校延伸至社区和社会层面，织成一张涵盖学生主要活动场域的服务网络，以更好地解决学生遇到的问题、满足学生的需求、促进学生的成长与发展。

　　目前，我国正处于社会转型期，各种社会问题层出不穷，这就需要学校社会工作为社会的各个系统提供帮助，不仅包括提供物质上的帮助，而且包括提供精神上的帮助，调动服务对象的积极性，以提高其解决问题的能力，逐渐摆脱困境并预防再度陷入困境。从微观层面来说，学校社会工作帮助个人和家庭通过在社会环境中建立社会支持系统、协调社会资源来摆脱当前的困境。从宏观层面来说，学校社会工作可以消除社会不平等因素带来的消极影响，促进社会公正的实现，维护社会秩序的稳定。在构建社会主义和谐社会的整个历史过程中，只有充分发挥学校社会工作在个体、群体和社会三个层面上的功能，才能促进社会的良性运行和和谐发展。

　　总之，学校社会工作本土化知识体系有助于学校社会工作在个体、群体和社会层面发挥功能，推动实现社会福利，促进教育机会均等，推动学校、家庭和社区协调互动以形成优质教育的合力，协助学生获得实用的知识与适应能力，推动学生实现全面发展。

第七章　学校社会工作本土化知识体系的应用

学校社会工作的本土化知识体系是一个系统化的知识体系，基于本土化知识体系的学校社会工作专业服务内容比较多元和广泛，涉及宏观社会系统、中观组织系统和微观行动者系统。

一　宏观社会系统中的应用

学校社会工作本土化知识体系在宏观社会系统中的应用，体现为学校社会工作与有中国特色的社会主义体系的关系，与现有的教育体系的关系，以及在地域发展不平衡的国情下在不同区域的具体呈现。

首先，要加强国情研究，明确学校社会工作的政治属性。一是要注重吸收中国共产党开展思想政治教育的经验，探索党领导下的学校社会工作特色；二是要开展学校社会工作的理论探索，尤其要注重在吸收国际经验的基础上，结合中国传统文化与马克思主义关于人的发展理论，探索中国特色学校社会工作哲学基础、学科理论以及实务模式；三是要体现学校社会工作服务领域的中国特色；四是拓展学校社会工作的学科视野，借鉴心理学、教育学、人类学、民族学、伦理学、新闻传播学研究成果；五是要提高学校社会工作的政策话语权，尤其要通过社会倡导提高学校社会工作在教育系统、政务系统以及立法系统中的地位，推动相关政策法规出台；六是要提升学校社会工作的国际话语权，既要开拓国内研究者的国际视野、加强国际交流与研究合作，更要将中国特色学校社会工作向国际社会传播（刘斌志、林佳，2020）。

　　其次，要加强社会工作嵌入教育体系的理论研究及实践探索。一是要在教育体系中探索社会工作的学科范畴，尤其要确立"学校—家庭—社区—社会"的整合体系，明确其服务学生社会性发展的目标方向；二是要从教育思想中挖掘和梳理我国学校社会工作发展的历史经验、重要人物及其经典论述，尤其是要挖掘陶行知、晏阳初等教育家的学校社会工作思想；三是要不断健全学校社会工作的教学体系，尤其要结合中国实际建构相应的课程体系，编撰相应的系列教材，探索和总结本土的教学方法，不断完善中国特色学校社会工作的政策与制度，尤其要注重学校社会工作与教育、心理、德育以及思想政治工作的结合与整合，创新学校社会工作融入既有教育体系的政策与模式；四是推进建立学校社会工作的学科评价体系，尤其要注重伦理委员会建设，促进学科共同体和组织建设，创办相应的研究机构与学术刊物，逐步完善教学指导、督导和评估体系；五是要不断创新学校社会工作的研究方法体系，既要注重对人文主义和人本主义研究范式的传承，更要加强对证据为本、循证为本以及干预研究方法的探索，还要注重对马克思主义辩证法、历史性方法以及批判性方法的运用（刘斌志、林佳，2020）。

　　最后，学校社会工作本土化知识体系在宏观社会系统中的应用，受到不同区域社会经济发展水平影响，在我国呈现华南、华北、华东及中西部地区的地域差异性。针对已有的不同发展成果，需有针对性地进行制度优化。一是华南地区学校社会工作本土化知识体系在宏观社会系统中的应用，呈现政府购买服务带动的整体发展，同时也体现出顶层设计的不足。2009年，D市委、市政府正式出台发展社会工作系列政策文件，学校社会工作成为D市首批推进的社会工作试点领域之一，在借鉴深圳和香港学校社会工作发展经验的基础上，D市结合实际情况，开创性地在岗位设置上形成"一校两社工"的主流模式。华南地区学校社会工作主要呈现自上而下政府推动发展的特征，在快速得到推广、获取丰富发展资源、积累本土化发展经验的同时也面临一些挑战。二是华北地区学校社会工作本土化知识体系在宏观社会系统中的应用，体现出底层关怀的群体性与自下而上的社会性，实践与政策的关联性相对较弱。围绕社会工作专业形成的学校社会工作本土化知识体系回应了现实问题，通过社会倡导等专业方法在一定程度上推动了社会政策完善，但从专业实践和影响的范围看整体成效不明显。三是华东地区学校社会工作本土化知识体系理论水平高，但学校社会工作的配套性政策少。上海在学校社会工作的制度化建设上积累了丰富的经验，依托了当地高校理论研究成果。但上海学校社会工作实务存在专业化水平不高以及行政化倾向严重等问题，亟须具体策略创新（吴凯铭，2011）。四是中西部地区学校社会工作本土化知识体系应用发展不平衡，整体资源投入有限。中西部地区学校社会工作的早期发展依托高校课程实践进行，自 2008 年起，四川部分地区政府开始购买学校社会工作服务，推行"一校一社工"模式。但具有中国特色的四川抗震希望学校社会工作服务模式无法惠及中西部的广大区域。

不管是明确学校社会工作的政治属性，加强学校社会工作嵌入教育体系的理论和实务研究，还是明确国内不同区域学校社会工作本土化知识体系，都表明有必要从嵌入和嵌合两个相互关联的视角出发探讨学校社会工作本土化知识体系在宏观社会系统中的应用，因为这两个视角与本土化息息相关。基于对专业社会工作发展时空的现实分析，王思斌（2011）以理论迁移的方式将"嵌入"概念用于解释我国专业社会工作的发展。他认为，专业社会工作自恢复重建以来，明显地存在舶来的专业社会工作和本土社会工作（行政性非专业社会工作）实践两种服务，就二者基本关系而言，前者不可避免地落入后者领地，即专业社会工作嵌入本土社会工作之中。相应地，专业社会工作嵌入本土社会工作领域并获得发展的过程被称为嵌入性发展。嵌入理论的提出引起了社会工作学界的广泛关注和讨论。学者们围绕嵌入进行的社会工作研究主要集中在以下几个方面。其一，提出"增量嵌入""双向嵌入""多层次嵌入"等来明确嵌入概念的内涵和类型，并探讨嵌入发展的阶段性和运作机制及其影响（尹阿雳等，2016；陈伟杰，2016）。其二，将嵌入理论应用到学校社会工作、灾害社会工作、农村社会工作等具体的实践领域中（许莉娅，2012；史铁尔、王松，2012；汪鸿波、费梅苹，2019），为专业社会工作在不同领域的嵌入发展提供理论支持。其三，引入新的视角对嵌入理论予以扩展，如从权力视角分析专业社会工作难以深度嵌入本土社会工作的困境及其影响（朱健刚、陈安娜，2013）。嵌入理论无疑是中国社会工作领域最具代表性的研究成果，为理解本土情境下专业社会工作的发展提供了一个极富解释力的理论工具，但该理论及相关研究也面临暗含社会工作二分性逻辑、忽视社会工作行动者、对专业社会工作与行政性非专业社会工作之间关系与互动缺乏足够关注等质疑（张昱，2012；何雪松，2019；王思斌，2020b）。

作为回应，王思斌在学界关于嵌入研究的基础上发展出嵌合理论。在《社会工作参与公共危机事件治理中专业功能的嵌合性实现——以新冠肺炎疫情防控治理为基础》一文中，他以公共危机事件为切入点具体阐释多元主体治理领域的社会工作嵌合，更进一步，他认为拓展后的嵌合概念不仅可以用来解释社会工作参与社会治理的多种现象，甚至也可以成为我国社会工作发展和发挥作用的一种模式。在理论层面之外，考虑到我国社会工作服务多年来持续开展和逐步推广的现实情境，笔者认为嵌合理论可以成为解释中国社会工作发展的一种新视角。

从概念上来讲，嵌合是对嵌入的延伸与拓展。"嵌"具有嵌入、镶嵌、互嵌之意，"合"具有结合、合作、契合之意。在此基础上，嵌合指的是"不同事物之间嵌入或互嵌之后，结合成新的嵌合体，能较好地合作、协同、整合和一体化行动的现象"。也就是说，嵌合首先是不同事物之间的嵌入或互嵌，嵌入或互嵌后形成了新的嵌合体，该嵌合体一般具有密切结合的结构和整体性、复合的功能。对于社会工作而言，嵌合意味着社会工作与各个相关主体围绕共同的基本目标而聚合在一起，进行磨合，形成合理分工和有机合作，从而实现功能上的良好耦合。在结构方面，社会工作的嵌合表现为根据事件过程和主要问题，找准定位。在关系方面，嵌合是相关合作方的互相接近与互动、磨合、协作，而非社会工作对合作方的单向依赖与被动配合。在功能方面，社会工作的嵌合表现为情境性和创造性地发挥自身的专业作用，社工要具备多种角色意识，根据时势做情境定义，运用专业方法解决问题，发挥专业功能，同时，还要树立整体思维，链接资源，开展有效的支持性服务。在具体行动方面，对于何时以何种方式解决问题，各方可能会产生分歧，这就需要进行磋商与磨合，需要社工进行倡导行动，说服主要责任主体了解和接受社会工作的创新型实践（王思斌，2020）。与嵌入相似，嵌合也涉及行动空间的问题。如前所述，社会工作包括专业社会工作和本土社会工作，但因篇幅所限，本书主要关注的是专业社会工作，尤其是学校社会工作的发展路径问题。在专业社会工作的起步阶段，嵌入是一种不可否认的实然状态，其进入既有社会服务和治理架构的行动空间不可避免地会受到一定限制。从这个意义上看，嵌合含有嵌入之意，但又超越了嵌入。嵌合理论意在淡化嵌入理论关于专业社会工作和行政性非专业社会工作的二分性，转而强调二者基于共同目标而进行互动、磨合与合作的嵌合性。

我国学校社会工作的发展模式主要有"内嵌式发展"与"外嵌式发展"两种，前者是在不增加学校编制的情况下，通过学校内部人力资源和功能整合，使学校内部的工作人员学习社会工作知识、了解社会工作价值观、运用社会工作方法开展社会服务的活动和策略；后者指通过政府购买服务、公益服务支持等方式，使外部的社会工作服务机构或社会工作团队进入学校开展社会工作服务（王思斌，2018）。关于内嵌式发展，蔡屹（2006）以发端于2002年的上海浦东新区学校社会工作为例，探讨内嵌式发展的阶段性历程和遇到的问题，并从制度、专业素养、宣传等层面提出相应的解决方法。沈炜（2012）认为在当前高校体制内不断促进内在变革因素增长，创造有利于学校社会工作存在的条件的内生路径是学校社会工作更适切的路径选择。相比于内嵌式发展，学界更为关注外嵌式发展这一在过往实践中更具普遍性的发展模式。许莉娅（2012）通过对几个典型地区学校社会工作在现有学生工作体制内嵌入的实证分析，提炼出自下而上、自上而下、自上而下与自下而上三种具体的嵌入路径，并从政府扶助与支持、本土化和专业支持等方面讨论嵌入发展的策略。王思斌（2012）和史柏年（2012）分别围绕学校社会工作的实践权和制度建设等主题展开研究，从不同角度丰富外嵌式发展路径及策略的理论研究。李晓凤等（2019）学者基于深圳学校社会工作十年发展历程，发现嵌入原有学校服务系统的学校社会工作呈现"嵌入—建构—自主"的发展趋势。彭善民（2017）则聚焦由专业社会工作机构主导、立足社区联结学校的上海联校社会工作，认为其是学校社会工作本土化的一种创新探索。现有基于嵌入视角的研究为我们理解学校社会工作的发展现状、路径、策略等提供了思路，但同时也因为对现实情境中的关系、互动和行动者缺乏足够关注而有待完善，而这正是嵌合理论所着力回应的。因此，本书借鉴嵌合理论视角，通过分析 D 市学校社会工作的专业实践，探究学校社会工作嵌合发展的表现及策略，以期从理论上拓展当前关于学校社会工作嵌入发展的研究，从实践上为学校社会工作的嵌合发展提供经验借鉴。

社会工作嵌合发展是一个涉及多元行动主体的过程，需要政府、学校、社会工作者在宏观、中观和微观层面协同行动。由于篇幅所限，本书主要关注作为一线行动者的社工如何能动地推进学校社会工作的嵌合发展。首先，觉察组织特征，学会在组织中工作。不管是嵌入发展还是嵌合发展，专业社会工作最初都是进入本土社会工作占主导地位的社会服务领域中，这是社会工作发展的制度背景，也是社工日常实践发生的环境背景。因此，觉察输出本土社会工作服务的政府、事业单位、人民团体等组织的特征和运作情况，对于专业社会工作的发展显得尤为重要。建立信任关系是社工在组织中工作的基础。学校社工为政府购买的第三方专业服务人员进驻学校，是否能与学校建立良好的信任关系，是否能得到学校的接纳和认可，在很大程度上影响学校社会工作服务的开展情况。信任关系建立的前提，是使学校认识到社会工作对于学校工作是有利的，是可以补足学校工作的欠缺之处的，至少应该做到"无害化表达"（史柏年，2012）。在实践中，除了专业目标外，现有社会关于学校的评价标准、学校管理目标也应成为社工开展服务的重要考量。但这并不代表社工要一味迎合组织或沉浸于"零敲碎打"式的修补工作，而是要在融入组织的基础上致力于推动学生工作体系的变革与完善，接纳、尊重学生，开展切合学生需求的服务，促进学生的全面发展，同时改进学校的教育理念和方法。总之，在组织中工作的社工，既要服务于实现学校教育目标的大局，又要起到超越学校教育体制局限性的引领作用（李晓凤等，2019）。沟通是社工在组织中工作需要具备的重要能力和采取的策略。社工要主动积极与学校行政管理人员和老师进行正式或非正式沟通，尤其是在正式沟通中，社工需要结合学校的组织特征和学生工作体系的运作特征进行沟通。学校的学生工作体系非常强调安全稳定和风险控制，社工在与学校沟通的过程中，需要对此特征做出回应，这在关于服务计划的沟通中体现得极为明显，直接关系服务计划的实施情况。G 中学 P 社工提到："学生是社会的重点关注群体，所以学校非常重视学生安全和学校各项工作的正常运行。社工不管是计划还是做，都要考虑得尽量周全。在沟通时单提一个服务方案不行，把可能出现的风险，风险出现后的预警机制和应对方案都要讲出来，这个是非常关键的。还有这个方案如果遇到不可抗力实施不了怎么办，有没有其他预案等。这样才会让人觉得你是可信赖的，是会从学校角度出发考虑问题的，学校才会放心让社工开展服务。"在组织中工作还需要掌握"行政化"议题的处理策略。D 市学校社会工作领域虽然存在"行政化"现象，但根据访谈结果，"行政化"已经不再像初期那样对社工工作构成挑战。这种转变与学校对社会工作越来越了解和认可度不断提高密切相关，同时也与社工对"行政化"的看法和处理策略有关。或者如学校社会工作领域见习督导 S 所言，社工也可以挖掘一些行政工作中蕴含的专业空间，将社会工作的理念和方法融入其中。社工还需要积极链接多方资源，以更宽广的视角、专业知识和技能来推进整合服务。与传统学生工作体系相比，学校社会工作的一个突出优势是能够有效链接校内外的各类资源。一方面，随着对学校组织特征和运作情况的熟悉，社工开始积极主动地与学校各部门互动，并建立信任关系，这为链接并整合学校内部资源奠定了良好的基础。G 中学 P 社工说道："学校德育部门的资源其实也比较少，因为它与其他部门接触得不多，但是社工因为举办活动需要协调很多部门，反倒可以接触到其他部门，在这个过程中，就可能对学校的资源了解得比较清楚，然后在服务中就可以很好地整合这些资源。"另一方面，社工链接社区、企业、社会组织等各种校外资源，使服务更具整合性和系统取向，从学生所处的微观系统、中观系统、外部系统和宏观系统等层面来回应学生的问题和需求。具体行动包括以下三个方面。一是加强学校－社区青少年服务网络的构建，如促使接受专业志愿服务培训的学生志愿者与社区结对，在为社区内弱势人群提供定向服务的同时让学生有所成长。二是与社会组织和人民团体进行合作，为学生提供社会学习和实践的机会，如 D 市多所学校的学生参加由香港青年交流促进联会主办的"梦想启航"系列活动；链接青少年服务组织，为青少年辅导提供更多支持，如与团市委、青少年服务中心等组织合作，针对行为偏差青少年开展有针对性的服务。三是加强学校社会工作领域的跨校交流与合作，对具有良好成效的服务模式进行总结和推广，同时加强跨领域合作，丰富学校社会工作的内涵，促进服务内容和形式的创新。

其次，保持文化敏感性。专业社会工作属于舶来品，是在西方国家的文化和制度背景下产生和发展起来的，因其建基于人类共同创造的哲学与社会科学的理论和知识体系，所以其方法和规程具有一定的可借鉴性（李晓凤等，2019）。中国社会是一个讲究人情和关系的社会，强调远近不同、亲疏有别，费孝通提出的"差序格局"这一概念是对中国文化的典型概括。在 D 市学校社会工作的早期实践中，社工常拒绝学校老师一些私人活动的邀请，因为其认为这有违专业伦理，但后来发现这种关系边界太过于刻板，可能会造成社工游离于关系之外，社工无法融入也就很难深入了解学校。经过不断的碰撞与磨合，社工基于本土文化敏感性，在实践中修正源于西方文化的专业伦理，让工作与生活的界限更有弹性，这有助于分工合作关系的形成，也有助于资源的链接。G 中学 P 社工说道："我们是人情社会，学校涉及这么多人，你都要去做好沟通和联动，平常也要做好关系的维护。"K 中学 L 社工也说：因为每个国家都有自己的国情，每个环境都会有它的一些特点，其实这个就是我们跟西方的很大区别。在中国人情社会，你没有人情，就谈不上工作，根本得不到支持。"

二　中观组织系统中的应用

学校社会工作本土化知识体系在中观组织系统中的应用，主要体现为其在不同类型学校中的实践。目前，学校社会工作的实务领域涉猎广泛、内容丰富、群体多样。综合服务群体、服务场域以及服务机制的特点，对于学校社会工作本土化知识体系在中观组织系统中的应用，可以从以下几个方面进行归纳。

首先，在学前教育组织中的应用。学前教育组织具有市场化的特点，在儿童学前教育阶段家庭仍承担重要的教育职能，因此社会工作的关注点主要聚焦于特殊教育机构，应用场景主要是为生理与智力损伤儿童、丧失生活自理能力儿童提供照顾、康复服务的机构。刘斌志（2010）认为，社会工作介入特殊儿童的预防、教育、康复与职业训练，不仅顺应全纳教育发展的大趋势，更是国际社会早期疗育服务发展的成功经验。因此，社会工作需要积极介入特殊儿童的筛选评估、专业服务、团队沟通以及政策倡导，并通过学科建设、人才培养、职业支撑以及社会宣传促进社会工作在学前教育服务中的融合式发展。不少学者以具体的服务实践案例分析探讨了社会工作服务听障、视障、自闭症儿童以及其他特殊儿童的模式与创新（刘斌志、林佳，2020）。

其次，在小学中的应用。对于农村与城市、不同群体，学校社会工作本土化知识体系应用具有差异性。一是流动儿童。针对流动儿童心理健康存在的问题，社会工作实践中发展出了相应的干预理念、工作机制以及服务策略（刘斌志、林佳，2020）。如何围绕城市已有的资源，平衡群体关怀和个体介入、整合服务力量、形成家校互动、形成社区支持、推动持续服务，是应用学校社会工作知识解决流动儿童问题的重点和难点。二是留守儿童。赵映雪、陶宇（2016）认为，社会工作介入留守儿童服务具有场域、专业、方法与角色四个方面的优势，并构建了问题导向的个案工作、学生导向的小组工作、家长导向的咨询服务以及学校导向的综合性服务四种社会工作干预模式及其具体技术。但资源缺乏与服务成本较高，是面向留守儿童的学校社会工作需克服的困难。三是寄宿学校。刘斌志、林佳（2020）在对寄宿学校学生需求与风险分析的基础上，提出危机干预模式、增权模式、生态系统模式等学校社会工作介入寄宿学校的模式。四是打工子弟学校。刘慧涵（2010）从"家庭－学校－社区"学校社会工作模式出发，构建了小组活动、家庭教育以及资源链接三种打工子弟学校社会工作服务的具体方法。

再次，在中学中的应用。相对小学生而言，中学生面临更大的学业竞争压力及社会化、青春期等因素的影响，因而中学具有更多元的专业介入空间。中学学校社会工作主要在以下领域探索。一是校园暴力领域。孙凌寒、朱静（2005）从个人、家庭和学校三个方面探讨了校园暴力产生的原因，并从预防的角度，提出亲职教育和家庭生活教育的介入策略。二是学业促进领域。有学者以优势视角为理论基础，提出了激活内在保护因素、优化内在保护因素、搭建外在保护因素三个辅导学生走出学习困境的策略（田国秀、侯童，2012）。三是德育教育领域。张大维、郑永君（2015）认为软性嵌入是学校社会工作介入学校德育教育的有效途径，并系统论述了其所包含的形成初步介入空间、介入空间制度化以及发挥服务对象主体性三个逻辑步骤。

最后，在高校中的应用。随着近几年社会环境的变化、就业压力加大，高校师生的心理健康问题得到了社会的广泛关注。在这个背景下，高校学校社会工作的重要性也日益提升，主要包括在以下领域的探索。一是在特定适应阶段进行专业介入，如新生适应服务。谢钢、刘娜（2010）基于大学新生入学身心状况的资料，强调社会工作为新生提供服务要注重整合社会资源、开展朋辈辅导以及社会融合等策略的运用。二是建立完善的支持系统。有学者认为，大学生心理健康受家庭环境、学校环境、社会环境和个人因素的综合影响，因此需要从家庭辅导、学校教育、社区营造以及个别咨询等角度开展社会工作服务（黄翠萍，2007）。三是结合已有的服务资源，尤其是推动思想政治教育的创新。易钢、肖小霞（2007）认为学校社会工作介入思想政治教育有观念和方法的创新和价值，并希望以此促进社会工作的发展。四是解决特定的问题，如增强大学生的职业意识、促进职业技能提升、预防网络借贷等。社会工作推动职业咨询、职业辅导以及职业培训服务的深化与拓展；运用个案管理方法协助借贷学生解决心理、家庭、社会以及精神方面的问题，并通过倡导制定社会政策促进形成良好的社会氛围。

D市推动学校社会工作本土化发展以来，不断加大支持力度，拓宽学校社会工作的覆盖面，实现了"从小学到大学"各类型学校全覆盖。目前，国内学校社会工作实践存在着"中间高，两头低"的状况。所谓"中间大"，是指在设置学校社会工作的学校中，中学（包括初中、高中、职中）占比最高；"两头小"表示小学和大学，尤其是大学占比很低，在2013年以前甚至是空白的。目前只有D市理工学院这一所大学购买了社会工作服务，社会工作机构派驻社会工作者正式进驻校园开展高校社会工作。一般认为中学更需要学校社会工作，因为中学生面临的学业压力陡然增大。这种观点属于治疗取向，注重解决已经出现的问题；而预防取向的观点认为在小学设置学校社会工作可以尽早预防与疏导许多问题，减轻中学学校社会工作的负担。1978年，港英政府取消在小学开展学校社会工作的政策，被香港社会工作届认为是推行学校社会工作过程中最大的失误。不同学龄阶段的青少年面临的学习和成长任务有所不同，出现的困惑和压力也有所不同，无法掂量出"孰轻孰重"，另外，这一学龄阶段出现的问题如果得不到及时的处理，可能会为下一学龄阶段埋下隐患。D市最初学校社会工作试点选取的10所市直学校中仅有1所小学，后很快增加到9所，这可以看成预防取向下的实践转变。社会转型时期复杂的利益关系、社会关系以及生活方式变革，深刻地影响着大学生的道德标准、思维方式和价值取向，使得他们呈现许多与以往不同的新问题、新特点、新需求，对人才培养和学生工作提出了新的挑战。而传统的高校学生工作主要采取教导灌输、管理奖惩等手段，难以彰显现代大学生群体的个性化、多元化特征，也很难有效回应和满足新的时代背景下大学生健康成长与全面发展的需求。我国开展学校社会工作以来，学校数量在慢慢增加，类别覆盖面也在扩大，但高校设置社会工作者岗位在2013年6月以前是空白的，D市理工学院创高校之先，主动将社会工作的理念、方法与技巧等引入学生工作中，是对传统学生工作不能有效满足学生需求的有力回应，可以更好地满足学生的多元化需求，促进其全面发展。D市理工学院助推学生工作创新和学校整体性治理变迁，初步形成了"导入—互构—增能"的实践模式，即高校主动"导入"与社会工作积极"嵌入"相结合，建成高校相关主体与社会工作之间的"互构"机制，实现高校发展、学生成长、教师队伍能力建设以及社会工作专业发展等多向度的"增能"目标（深圳市现代公益组织研究与评估中心，2014）。另外，在财政允许的情况下，政府也可以继续加大对学校社会工作服务的购买力度，并使购买方式趋于多元化。如D市第二批学校社会工作试点学校对于社会工作服务的购买较第一批更为多元和灵活，主要有三种购买方式：一是由各个镇（街）划拨财政资金向社会工作服务机构购买，这种方式占了大多数；二是由学校单独出资购买；三是由市/镇（街）和学校共同出资购买。

三 微观行动者系统中的应用

在微观行动者系统中，社会工作者将具体的专业知识方法应用于服务对象所面临的特定障碍及问题。服务对象面临的问题及所处的情境具有独特性，专业知识的应用过程具有不确定性，应用专业知识解决微观行动者问题的过程是专业建构的一部分。相对于宏观与中观系统的学校社会工作知识应用，微观行动者系统中的专业知识应用更体现出个别化的原则，呈现丰富的专业面貌。但从学校社会工作与服务群体、社会环境的互动中仍可归纳出以下几个方面的专业知识应用。

首先，去除负面标签，以优势视角代替问题视角。学校社会工作的服务群体心理不成熟、自我认同未完全建立，因此心理及行为较容易被外部因素影响。学生工作模式受传统教学理念的影响，更多关注学生负面信息，往往聚焦于问题，常常对学生以"问题学生""差生""坏孩子"等进行标签化，较少关注处境不利学生的优势与资源，也忽略了有待改进的学生自身觉察改善的能力，出现问题往往先"请家长"，在几个权威角色下，"问题学生"往往表面上承认自己的错误，但内心却根本不认同，同时对老师、学校和家长产生对抗情绪。这个过程也间接给学生贴上了某种标签，令学生认为自己就是这类问题学生。问题视角忽视了对学生潜能的挖掘，导致学生在心底否定自我，同时对走出困境缺乏动力，甚至产生畏惧和抵触心态。青少年群体的很多问题来自负面标签对其身心造成的直接伤害及间接影响，因此优势视角的理论及方法在微观行动者系统中具有较大的应用空间。学校社会工作者坚持优势视角，在评估学生的需要时关注学生，特别是处境不利学生的优势、资源、潜能及努力的意愿，相信学生有改善的能力和动力，相信学生有成长向上的力量，这对于激励学生积极向上，追求真、善、美是一种巨大的力量（许莉娅，2012）。

其次，提升普遍的心理健康水平。由于社会生活水平的普遍提高、家庭结构的变化及教育观念的影响，青少年群体普遍存在抗压能力差、自我调节能力差等问题。而传统的学生工作方法在回应校园问题上存在不足之处，教育制度难以兼顾各方利益、校园学习环境的有限性都使得学生在成长的过程中除了学习之外的需求无法得到积极的回应。在某种程度上，缺乏培养学生除学习之外的能力及挖掘其潜能的平台，对学生进行心理健康教育的资源不足，无法很好地关注学生抗逆力的提高及学生在青春期成长中遇到的身心发展困惑，缺乏师生深度交流的渠道。

抗逆力的理论及方法既可应用于特定问题的解决，也可应用于普遍群体能力的提升。裴小茹（2012）面向外来务工子弟学校探索了个案辅导、小组工作以及家校社区合作三位一体的抗逆力养成路径。苗艳梅（2017）认为中职生抗逆力较弱，小组活动能够强化其内在保护因素，形成中职生与家庭、学校的正向联结等外在保护因素。而学校社会工作是以尊重人性的价值为理念，运用科学的知识和方法评估学生的成长需要，并提供适合的服务，帮助学生完成教育任务，以使其更好地适应现在及未来生活世界的专业助人活动。学校社会工作以学校为依托，从生态系统理论的角度将单一的学生变成了学生 - 学校 - 家庭 - 社区生态系统，充分发挥整合资源的功能，在各种正式与非正式的组织之间架起沟通的桥梁，将现有分散的资源整合起来发挥最大的效用。学校社会工作者不需要承担日常教学任务，承担的只是学校、家庭、社区间的资源和矛盾的沟通协调任务。通常还会采用抗逆力工作方法，引导学生在面对生活逆境时，正确、理性地选择正向、积极的方法和应对策略；采用符合青少年年龄特点和心理需要的团体辅导和小组工作方法，并对个别有困难的学生进行个案辅导，协助学生提升解决问题的能力。学校社会工作者认为每一位学生都是有能力、有发展潜能的，通过协助可以使学生认识和发挥自身的潜能，敢于迎接各种挑战，更好地成长与发展。学校社会工作的工作理念是营造一种关怀、平等的环境，让学生更愿意敞开心扉。同时，学校社会工作还会整合社区资源，形成一张支持的网络，让学生在社区里面也能得到专门的服务和跟进。

在驻校服务过程中，学校社会工作者扮演的角色可以是教育者、资源协调者、辅导员、促进者、使能者。学校社会工作非常强调通过不同方式使问题学生深刻认识自身问题并自觉改进，同时影响其他学生。如果发现问题，学校社会工作者并不是首先通知家长，而是收集学生资料，全面分析问题产生的生理、心理和社会原因，评估学生能够获得的支持和已有的资源，尊重接纳学生，协助学生从根源解决问题。在这个过程中，社会工作者充当陪伴者、支持者而非单纯的教育者。在这个基础上，学生也更容易接纳社会工作者，在一定程度上更愿意接受社会工作者的帮助。除了学生主动寻求帮助外，社会工作者需要积极走访班级、宿舍，开展各种宣传教育活动等，积极发掘个案。另外，社会工作者还需要主动建立正式或非正式转介渠道，通过向老师发放个案转介表格以及进行个案工作介绍，建立系统有效的个案转介途径，等与案主接触后，社会工作者遵循专业程序进行个案辅导。针对偏差行为青少年这一特殊群体，设计开展更具针对性的服务活动。

再次，建立整体支持系统。学校社会工作的服务对象，通常所面临的并非单一问题，心理问题和行为偏差背后有系统的成因，针对个体的问题解决方法很难取得良好的效果。持续有效地解决服务对象面临的问题，就需要制定家庭系统、教育系统、朋辈系统及其他系统共同参与的解决方案，这为生态系统视角的知识应用提供了空间。生态系统视角构建了组织架构系统、工作对象多样、介入手法整合的学校社会工作框架体系（陈静、叶丽凤，2002）。张燕婷（2015）从微观、中观、外部和宏观系统四个层面探讨了生态系统理论在学校社会工作实践中的具体策略，认为具体策略包括需求分析、资源链接以及跨专业团队整合等，并设计了具体的处理模式流程图。

最后，基于实用主义的知识整合及专业建构。学校社会工作的知识体系建立并非一蹴而就，而是在实际问题的解决过程中实现的。在本土化与专业化的过程中，学校社会工作面对个体需求及群体的普遍问题，不断拓展专业知识的边界，对推拉理论、标签理论、赋权理论、场域理论和嵌入理论等理论视角均有应用。洪佩、王杰（2016）基于布迪厄场域理论提出了不断拓展学校社会工作专业服务的场域空间的主张。方林红（2012）基于标签理论提出学校社会工作需要坚持淡化不良"标签"色彩、寻找代替、再现真实体验和区别服务等四个具体策略。也有学者通过影像发声法创新特殊教育学校的社会工作服务，构建了批判性青年赋权与赋权青年经验的介入策略（刘斌志、林佳，2020）。

个人在与其栖息环境互动的过程中，必须获得每个阶段所需的资源和环境滋养才能顺利推进其生命历程。要做到这一点，人必须与其栖息环境保持适切的调和度。学校虽然是学生生活学习的一个极为重要的场所，但社会、家庭、社区等环境均会对学校和学生产生影响，因此，社会工作者需要重视人与环境彼此互动的关联性和复杂性，拒绝将学生问题个人化，突破"以问题为本"的社会工作介入思路，积极地将学校社会工作本土化知识灵活应用于宏观社会系统、中观组织系统和微观行动者系统，链接并整合各系统资源，从宏观、中观、微观多系统及系统间关系出发整合地思考介入策略和实践途径（张燕婷，2015）。

实践篇

第八章　中小学生发展的社会工作介入：
理论实践与反思 ①

　　生态系统理论认为，对学生个体进行心理与行为干预难以达到预期效果，学生身上呈现的问题与其所处的环境（脉络）系统密切相关，解决问题的内在动力蕴含于这些系统之中。本书将近年来兴起和逐渐推广的生态系统理论作为学校社会工作实践的新型理论视角，从微观、中观、外部和宏观系统四个层面分析生态系统理论对学校社会工作实践的可能解释空间。进而结合 D 市学校社会工作近五年的发展及相关实务案例，阐释生态系统理论视角下学校社会工作在回应服务对象需求以及资源链接与整合层面的本土化实践与探索。最后，基于 D 市学校社会工作实践对生态系统理论进行反思，旨在进一步探索 D 市学校社会工作的专业化、本土化进程。

　　随着全球化、信息化和多元主义的蔓延，青少年群体日益生活在一个既充满自由又伴有风险的社会时空之中，青少年健康成长越来越难以"掌舵"。对于人类行为出现的各种问题，历史上各种学科争先提出各自的干预策略，尤其是心理学、精神病学、医学病理学、社会心理学等，然而上述学科的共同缺陷在于倾向从行为者（个体或群体）本身的问题（或病理）出发寻求解决之策。随着以社会关系调适与重建为核心的

---

① 本章内容曾以《学校社会工作的本土化实践——基于生态系统理论的地方性探索》（作者张燕婷）为题发表于《学海》2015 年第 3 期，收入本书时有修改。

专业与实践的发展，社会工作在整合诸多学科优势的基础上逐渐发展出一系列体现人本性、服务性，并具有整合性、多学科性的理论和方法体系。社会工作区别于其他学科的本质在于：强调"人在情境中"的核心理念，坚持"社会学的想象力"中有关人与其所处环境脉络不可分离的观点。社会工作因为在分析人们所遇社会问题、所处社会困境、所需社会资源等方面具有独特的分析视角和实践策略，成为现代化进程中不可替代的制度化手段。学校社会工作作为社会工作的重要分支，在维系学校及其相关系统（学生、家庭、社区、体制、文化等）之间的平衡关系方面，发挥着其他方法难以企及的作用。将学校这一场域视为一个由多元系统和主体共同组成的整体系统，体现了社会工作理论中生态系统理论的核心观点。因此，面对心理学、病理学、医学等"以问题为本"的干预视角，本书旨在以生态系统理论中的"人在情境中""系统之间相互联结、相互共生"等视角来研究当前学校社会工作介入学生成长与发展的基本假设、主要优势及实践策略，进一步结合生态系统理论与学校社会工作本土实践进行反思。

一 生态系统理论：学校社会工作的一种新取向

生态系统理论是"社会生态系统理论"的简称，由布朗芬布伦纳于1979年在他的《人类发展生态学》一书中正式提出，该理论把人类生存成长的社会环境（如家庭、机构、团体、社区等）看作一种社会性的生态系统，强调生态环境（人的生存成长系统）对于分析和理解人类行为的重要性，注重人与环境间各系统的相互作用及其对人类行为的重大影响（Bronfenbrenner，1979：78-84），它是社会工作的重要理论之一。

（一）理论假设

生态系统理论在不同理论家的共同努力下，综合各种不同的理论来源，建构出一个综融性的生态系统框架，即"生活模型观"，它强调社会工作实务干预的焦点是将个体置于其生活场域之中，注重从个人的生活经验、发展特征、生活空间变迁、环境品质以及生态资源等有关个人与环境之间的互动关系出发来开展社会工作实践（宋丽玉等，2003：253）。生态系统理论假设：个人在与其栖息环境之间的互动过程中，必须获得每个阶段所需的资源和环境滋养才能顺利推进其生命历程，要做到这一点，人必须与其环境保持适切的调和度。因此，生态系统理论之"生活模型观"认为人与环境之间的互动动力主要体现在三个维度：一是人与环境之间的调和程度；二是环境的品质，包括社会环境和物质环境的改善与保持；三是生活中的问题，将人们所遇问题视为其与环境之间互动失衡的结果，在一定程度上摆脱了对案主的污名化（何雪松，2007）。

（二）解释维度

基于生态系统理论的上述理论假设及其优点，以及国际上学校社会工作实践引入该理论所取得的成就，国内外越来越多学者在界定学校社会工作及发展理论时，倾向于将学生纳入学校、家庭、社区、社会诸系统当中，认为每一个系统都会影响学生的成长与发展；同时，诸系统间又彼此关联，系统间的关联作用同样会对学生产生影响。而在实务领域，有学者提出"综融""系统取向"等分析视角，并以此来指导学校社会工作的具体实践（张燕婷，2015）。这些观点与生态系统理论所强调的理论假设及解释维度具有内在契合性。根据布朗芬布伦纳所提出的生态模型，社会生态环境是一种嵌入式的结构安排，个体所处的生态环境被看作同心的一种嵌套结构，由里至外分别是微观系统、中观系统、外部系统和宏观系统（见图8-1）。

第一，微观系统（micro-system）是指个体与直接面对和接触的人或事物的关系，这些人或事物与个体的互动最为频繁，构成其最主要的生活场域，对个体产生的影响也最大。对学生而言，该系统主要包括学生在家庭、学校等环境中互动所形成的亲子关系、同辈关系及师生关系，这三种关系若出现紊乱，均会对学生的行为、情绪与心理产生不同程度的影响。

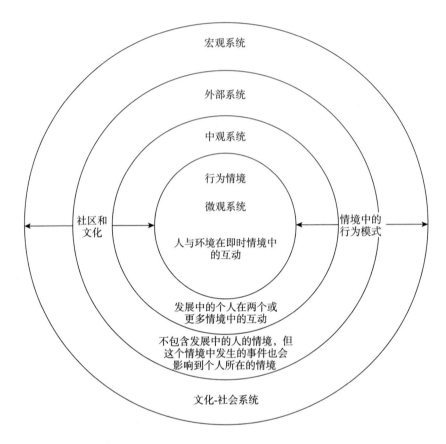

图 8-1 生态系统理论的解释维度

资料来源：姚进忠，2010。

第二，中观系统（meso-system）是指个体直接参与的各个微观系统之间的联系和相互影响，即"成长中的人所积极参与的两个或多个生活场域间的互动关系"。布朗芬布伦纳认为，如果微观系统之间有较强的支持性关系，人们的发展可能实现最优化；相反，如果微观系统之间呈现非积极的联系，将会产生消极后果。学生的同辈关系出现明显障碍，其背后往往与其家庭结构不良，父母与子女之间呈现疏离、专制、矛盾或过于亲密等关系有关。即不良的亲子关系和家庭结构将会导致学生在性格、人际交往、情绪管理等方面出现问题，进而使其同辈关系、师生关系等方面出现障碍。

　　第三，外部系统（exo-system）是中观系统的一种延伸，指个体虽未能直接参与，但对他们的成长有影响的环境，以及这些环境之间相互联系和相互作用形成的关系状态（李瑶，2012）。虽然学生没有直接参与外部系统，但该系统中人和环境之间的关联仍然会对学生产生不可忽视的影响。例如，父母的工作单位和人际交往圈、兄弟姐妹的班级等，都可能会影响学生的行为与发展。

　　第四，宏观系统（macro-system）是指各个系统层次在一个更为宏观的文化环境、民族团体中发生的关联，包括文化或者亚文化的主体性部分，例如经济、社会、教育、法律和政治体系，它们影响和形塑着个体的思想以及思维空间（佩恩，1995：90~91）。学生在家庭、学校、社区中获得的经验来源于宏观系统，宏观系统明显地影响着微观系统、中观系统以及外部系统。因此，宏观系统作为一种大的社会环境背景（脉络），通过对多元系统或次系统的影响对个体产生影响。

二　基于生态系统理论的学校社会工作市土化实践：D市的探索

　　2009年5月，D市委、市政府正式出台了推动社会工作实践的系列政策文件，简称"1+7"文件，文件的出台标志着D市社会工作进入专业化、职业化、制度化同步推进的重要时期。在这个过程中，学校社会工作成为D市首批推进的社会工作试点领域之一，为学校社会工作在D市的发展创造了重要的制度和实践条件。根据市委、市政府的统一部署，D市教育局作为社会工作首批试点之一的市直部门，10所市直学校共设置了20个社工岗位，每个学校分别设置2个社工岗位。各学校社工职能不尽相同。如D中学初中部、D市可园中学、D市玉兰中学的社工主要负责提供转化后进生服务；D理工学校、D市职业技术学校、D市东城职业中学的社工主要负责为学生提供就业辅导、帮助学生制订职业生涯发展规划，以及开展人际交往辅导、心理咨询与社会适应辅导、法治教育辅导、家庭教育辅导等。自2009年11月开展社会工作服务以来，D市学校社会工作服务已经初显成效，派驻社工积极融入学校系统，根据每所学校的实际情况进行评估和调研，结合学生及学校的需求开展有针对性的服务。

（一）微观社会工作：案主多系统的介入与改变

生态系统理论视角下的社会工作实务强调：第一，注重个人的整体性和完整性，强调人与环境是交叉互动、相互影响的，强调整体环境中完整的人；第二，强调社会系统（特别是家庭系统）在塑造和影响人的行为及生活状态中的重要作用，社会工作者要努力了解个人与家庭、群体、组织和社区互动的形态和规则，包括文化习俗等对人们生活的影响，这样才能提供切合人们需要的帮助；第三，注重运用社会资源，包括正式和非正式的社会网络资源，帮助人们解决问题，满足需要（史柏年，2012）。

D市学校社工在具体的服务实践中较为自觉地运用生态系统理论，即社工作为学生与各系统中相关的个人、组织之间的联结者，在学生、家庭、学校三者之间努力维持平衡，针对外部系统和宏观系统，建构友善环境，发掘链接社区资源，进而取得实际成效。小颖，女，14岁，就读于某中学初三年级。一家6口人住在一起，父母都有正当工作和稳定收入。自升读初中，小颖的成绩一直处于班级的下游，同时由于着装打扮等原因，经常受到周围同学的排挤，成为校园欺凌的对象。小颖在学校不时出现自言自语等反常行为。2009年12月，在网络日志上写了《我要自杀的30个理由》，引起学校及家长的高度关注。学校社工根据生态系统理论对其采取以下介入措施。（1）学校系统：改善学校环境。经过社工、家长和政教处的协调，案主转回A班（升读初三的时候，案主由于成绩较差而被分配到B班，加剧了校园欺凌的情况）。转班后，争取班主任对案主的关注与支持，为小颖的改变创造良好班级环境。之后，已经基本没有同学对其欺凌。（2）家庭系统：增进亲子关系。让社工觉得困难的是，在亲子关系上，小颖喜欢坚持自己的看法且相信自己是对的，这与其父母对社工的表述不一致，于是，社工决定采取澄清的方式，重塑小颖与父母的关系，并采取家庭面谈的方式进行。在面谈中，社工提出了小颖对其父母的看法，同时让小颖提出自己的疑问，父母对小颖存在误解或者疑问的地方都一一进行了澄清。此次的家庭面谈产生的效果是具有决定性的。在接下来的面谈中，小颖关于父母的负面想法明显减少，与父母的关系得到改善，新的家庭系统为小颖后续的改变提供了动力和支持。（3）个人系统：改变消极的认知方式。经过几次面谈，社工发现小颖习惯用"自杀""我一点用都没有的啦，别人最好。我死了，全世界的人都会开心的"来表达自己的心情。可见，认知偏差是小颖遭受情绪困扰的重要根源，负面情绪如自卑、焦虑等都是个体的非理性观念造成的，这些都符合小颖当时的情况。在此后一段时间的面谈当中，社工把重点放在了"认知—情绪—行为"上，在运用同理心的基础上与其就想法进行了对质。引导小颖与自己的非理性观念进行辩论，帮助小颖认识自己的错误观念，以理性的方式看待事物。（4）朋辈系统：提高人际交往技巧。小颖在几个月之后就要面临中考，升学后必然会到新的环境中，提高人际交往技巧，得到朋辈的认可，有利于小颖自我"同一性"的形成。

　　针对朋辈系统，有必要给小颖提供同辈团体活动和志愿者活动等机会，让其在活动中提高与人交往的能力。刚开始参加志愿者活动时，小颖表现被动，即使志愿者主动与其交谈，小颖也表现出退缩，在社工的支持和鼓励下，小颖逐渐实现由一名被动"参与者"到"旁观者"，再到积极参与者的转变。经过四个系统方面的介入，小颖发生显著改变。2010年9月，小颖升读中专，开始住校独立生活。经过近半年的社会工作服务，小颖有了比较大的改变，甚少提及轻生，在参与志愿者活动的过程中也开始主动地与人交流，"认知偏差"和"人际交往"方面均得到了理想的改善。结案后社工仍有后续跟进，在最近的一次见面中，小颖表示在新的学校里交到了朋友。更重要的是，她能主动大胆地将她的新朋友介绍给社工。在生态系统理论视角下，社工帮助小颖恢复自身、家庭和学校系统间的平衡，重构亲子关系、师生关系和同辈关系。

同时将三大系统中相关的人与组织串联起来，协调家校关系，将父母、老师、同学、教务处、志愿者团队联结起来，使各子系统和各要素间有效配合、相互协调。

（二）宏观社会工作：资源整合与多系统连接

D市学校社会工作除了面向学生、家庭、学校等系统进行直接介入以外，还不断链接和整合相关社区资源，为学生健康成长探寻更多地方性资源。（1）积极争取公益项目，促进青少年群体参与。为发现和整合现有社会福利服务体系尚未普遍开展但广大民众迫切需要且普遍欢迎的公益服务项目，D市于2011年10月开展首届公益创投活动。创投活动资助项目主要集中于五类，青少年服务是其中一类。入选的28个项目中与学生密切相关的有"蓝天"行动——重点青少年群体成长促进计划、寻找香树传奇等7个项目。（2）接力枢纽型社会组织，助推青少年社工服务。在D市的枢纽型社会组织中，团市委成立了青少年服务中心，除直接服务青少年外，还引导青少年服务社会；市妇联成立家庭服务中心，以妇女、儿童和家庭为主要服务对象，提供个案辅导，免费心理咨询，危机处理，互助、支持及治疗小组，家长教育等服务。两个枢纽型社会组织服务人群与学校社会工作服务对象有不小重叠，学校社会工作者积极与两个枢纽型社会组织联系，以最广泛地整合资源。（3）促进社区综合服务中心建设，提供青少年成长平台。D市自2011年开始创建社区综合服务中心，为社区居民提供综合性社区服务。强调优先满足老年人、残疾人、困难居民、青少年的服务需求，逐步拓展到社区所有人群和企事业单位。青少年活动室是每个社区综合服务中心必备的功能室之一，主要为社区青少年、儿童提供读书、娱乐和帮教服务，促进青少年健康成长。D市将以上专业服务纳入学生服务的系统中，建立多元专业服务资源的整合模式（见图8-2）。

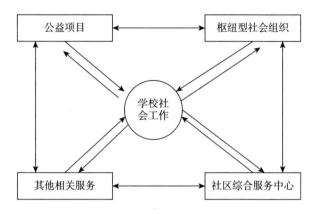

图 8-2　生态系统视角下多元专业服务资源的链接与整合

　　通过与上述社会服务资源系统的合作，学校社工能够运用更多的资源为学生提供服务。如一所职业中学的学校社工就与"蓝天"行动——重点青少年群体成长促进计划项目社工进行合作，共同开展校园禁毒大型活动，彼此间在场地、物资、活动程序等许多方面互通有无、相互支持。当然，学校社工除积极将合作伙伴"引进来"外，还要"走出去"寻找资源开展合作。通过资源链接与合作，学校社工能够对在校学生的朋辈交往情况、闲暇消遣方式和社区层面的动态有比较充分的了解，有利于制定更合适的介入策略，将服务由学校延伸至家庭、社区等，织成一张涵盖学生主要活动场域的服务网络，以更好地解决学生遇到的问题、满足学生的需求、促进学生的成长与发展。

三　理论反思与实践指向：学校社会工作的本土化议题

（一）理论反思：对生态系统理论的适切性评价

　　生态系统理论视角下的学校社会工作强调整合性与系统性，重视整体的服务架构，包含在微观系统、中观系统、外部系统和宏观系统层面的分析、计划和行动等，重视人与环境彼此互动的关联性和复杂性，拒绝将学生问题个人化，突破"以问题为本"的社会工作介入思路，链接并整合各系统资源，从个人、家庭、群体、社区、社会等多系统及系统间关系出发整合地思考介入策略和实践途径。

然而，也正是生态系统理论具有的多元系统、多元层面的实践架构，使得其在实践中较为繁杂，在应用上存在许多潜在的局限，具体体现在以下几个方面。第一，生态系统理论倾向于说明而非解释，且较为抽象，虽有助于理解影响人们行为的多重因素，但不能有效解释这些因素的影响历程。同时，虽然该理论在理解服务对象在与环境互动中所面临的"生活中的问题"时，提供了一个清晰的分析框架，但在实践中却未能为服务对象提供一种主动适应环境变迁的动力或机制。第二，生态系统理论强调服务对象问题的多因素以及评估问题和需求的多元方法，但正是这种多元繁杂的介入方法和策略整合性有余、包容性过高，使得该理论不具有特别之处。第三，生态系统理论强调促进人与环境之间的调和，达至系统之间的均衡，强调服务对象对环境及其相关脉络的适应，服务对象过于被动，忽视人的主动性、自主性等属性，也忽略了系统之间的互动可能产生新的冲突。同时，强调"人在情境中"，并注重个人对环境的适应，带有明显的结构功能主义观点，鼓励个体对现有社会结构、社会制度等宏观要素顺从或屈从，不符合社会工作通过激发服务对象自主性、整合资源促进个体与社会发展的宗旨。第四，生态系统理论还被批评带有特定的意识形态倾向，这与它过分强调系统之间的平衡，强调个体对结构、环境的适应有关，忽视了个体在与环境的互动过程中，有能力也有必要通过特定行动来摆脱现有环境对自己造成的困扰和局限。生态系统理论存在的上述困境，在 D 市学校社会工作实践中也不同程度地显现出来，如在对服务对象的介入方面，虽然能对学生所遇问题进行系统的、全面的原因分析，但是如何做到重构这些失衡的系统之间的平衡，对社会工作者来说是一个难以克服的困难。同时，结合我国当前学校社会工作实践呈现的总体特征，在专业性与本土化之间长期存在张力的前提下，生态系统理论所强调的各种要素和各级系统之间的平衡，对于处于转型期的中国社会来说，显然是一个较难实现的目标。

（二）实践指向：学校社会工作改进的可能空间

基于生态系统理论具有的优势及其存在的潜在局限，理论界与实务界进一步探寻改进社会工作实务的理论和方法取向。结合 D 市学校社会工作实践概况，如何进一步改善生态系统理论对学校社会工作实践的指导作用，并建构生态系统理论视角下的可操作的实践模式？本书以为可从以下四个方面做进一步的探索。

第一，微观实务部分，对外部系统和宏观系统的介入有待进一步强化。既有的生态系统理论视角下的学校社会工作实践比较多地集中于服务对象微观系统和中观系统的改变，对外部系统和宏观系统的介入相对较少。社会工作者作为政策倡导者的角色意识较弱，比较满足于个案服务的提供，疏于对学校社会工作相应政策的倡导。服务对象外部系统和宏观系统的改变是未来学校社会工作介入的重要空间。

第二，校际系统间的合作强化。学校社工与教育部门在学校社会工作开展的过程中要及时了解彼此工作状况、交流工作体悟，在整合力量、彼此支持的同时，亦可收集整个 D 市学校社会工作相关的详实资料，这有利于对问题的分析和评估，并有助于制定具有现实性和前瞻性的调整计划与发展规划。为此，可以根据不同学校的性质、所处地域及其他相关因素，配以相宜的承载形式，如案例 / 理论研讨会、专业论坛、实务工作坊、研习教育、同辈督导小组等，相互交流校际的专业资讯，有效掌握区域内学生的动态，使服务输送更加精准，跨校问题得到有效解决。校际合作不仅可以有效提升各校社工对学生多元问题的解决能力，也有利于获得主管部门的支持与资源。

第三，校社系统间的伙伴关系建构。在讨论学校与社会福利机构合作模式时，Tapper 等人提出"系统间的伙伴关系模式"，认为学校与社会福利机构间应该建立一个平等、公平且紧密的伙伴关系，就共同关心议题形成服务输送网络（黄韵如，2006）。结合前述 D 市学校社会工作多元专业服务资源的整合实践，学校社工与社会福利机构或社区综合服务中心、公益项目合作构建系统间的伙伴关系模式时，需要具备五种条件：与合作相关的知识技术；建立有平等权利地位的合作关系；共享服务远景；承认彼此间的差异；合作过程中的反思，也就是参与人员间不断地对话、思考及讨论合作关系和过程，亦有助于为学校社会工作本土化实践提供可持续的生存空间和资源。

第四，跨专业或系统的服务团队培育。学生多元而复杂的问题，非一人或一专业之力可以解决。因此，建立以学生需求为导向的跨专业服务团队，是一个重要的操作方式，且这种跨专业服务团队的效果已在实践中得到验证（胡中宜，2011）。因此，社工有必要联结专职教师、行政人员、心理咨询师、医护人员、特教人员及其他校外的专业人士，推动其运用各自专业理论与技巧，从不同角度介入学生议题，增进学生的福祉，促进其健康发展。

第九章　高校学生社区服务的社会工作介入：理念、原则与路径选择 [1]

在社会加速转型的背景下，大学生社会行为问题层出不穷，高校学生工作面临众多新的挑战。社会工作介入高校学生社区建设，为大学生提供多样化、人性化、专业化的社区发展服务，是高校学生事务体系创新的有效切入点。这一过程以实现学生"自我认同"为价值理念，坚持尊重与公平、真诚与接纳、自愿、人性化等基本原则，通过专业社工与学工队伍的密切协作、有形服务平台与虚拟服务空间的共同作用、学生—学校—家庭—社区相关资源的整合利用，营造有利于大学生成长成才的环境。

随着经济社会的发展，我国高等教育实现了由精英教育向大众教育的转变，越来越多的青年人进入高等院校学习和生活。与此同时，在校大学生群体呈现的显性和隐性社会行为问题日益复杂多样，给高校学生工作带来了严峻的挑战。传统意义上主要依赖行政手段的管理方式已难以满足学生多元化服务的需求，也不能适应现代大学内部治理的要求。作为一项以利他主义理念和科学方法为基础的专业社会服务活动（王思斌，2011），社会工作以提供福利服务为宗旨，以助人自助为本质意涵，以尊重、平等为理念，以开发人的潜能和促进人的发

① 本章内容曾以《高校学生社区服务的社工介入：理念、原则与路径选择》（作者张燕婷、成伟）为题发表于《湘潭大学学报》（哲学社会科学版）2014 年第 5 期，收入本书时已征得成伟同意，且内容有修改。

展为目标，可以弥补传统学生工作的不足。因此，社会工作进入校园，为大学生提供多样化、人性化的专业服务，成为大众化高等教育发展的潜在诉求和必然要求。

本书中高校学生社区是指以高校学生为主体的生活聚居区（张燕婷、李细香，2013），是依托学生宿舍、食堂、商店、户外活动及文化娱乐等场地设施，通过资源整合组建成的集住宿、活动、学习功能于一体的区域。学生社区不仅是生活的场所，也是同学之间社会交往的空间，更是学生自我管理、自我发展的重要场域。其基本特征表现为：人口密度大，人员对社区的依赖程度高，成员间互动性强，交往程度较深；成员群体从事专一的学习活动，多处于同一个年龄段，具有相同的青春期生理和心理特征，呈现整体同质性。但因个体之间家庭状况、经济来源、生活经历和文化背景的不同而产生差异性，因社区成员定期进出轮换而产生流动性（黄步军、李彬，2006）；容易形成与主流文化相互联系又相互区别的"亚文化"（蒋建军，2012）。

学校社会工作将社会工作的理念、原则和方法应用到高校学生社区服务之中，创建新型的学生管理和服务模式，发挥社区的教育功能，以协助学生解决成长中的问题和困惑，调整学校、家庭与学生之间的关系，促进学生发挥潜能（李晓凤，2008），培育学生民主观念和社会参与意识，是现代社会发展推动高校学生事务变革的一种有效尝试，也是学校社会工作实践拓展的重要领域。

一　自我认同：高校学生社区服务社会工作介入的理念目标

社会工作总是在一定的价值理念引导下开展服务。社会工作理念规定了社会工作的目标和意义，明确了社会工作的技巧和方法，规范了社会工作者的行为和态度（杨君，2014）。大学生处在由青少年期进入成年期的年龄阶段。这一时期经常面临的心理危机是"自我同一性危机"（埃里克森，1998：78~84）。因此，社会工作介入高校学生社区服务，应当以协助服务对象实现自我认同为核心理念目标。

（一）搭建学生成长平台，帮助学生获取安全感、归属感

安全感、归属感是每个大学生最基本的需求。安全感不仅来自外界没有危险，更来自内心对他人、社会的信任。一个人如果无法建立对他人、社会最基本的信任，安全感自然会降低。人是社会性的动物，任何人都希望自己能归属于某个群体并得到群体的接纳和认同。如果一个人总是游离于社会群体、社区服务与社会组织之外，就可能成为"原子化的个人"，不能得到社会的支持与保护（徐永祥，2008），个人的安全指数也就不会太高。在具体实践中，社会工作可以通过多种服务活动介入学生社区服务，包括兴趣小组、成长小组、人际交往小组、拓展小组、心理训练营等，促进同学之间的交往，改善同学之间的关系，从而促进彼此的接纳和提高自我对社区的认同度，个体将自觉地归属于他们所生活的社区，从而获得安全感和归属感。

搭建学生成长平台是帮助学生获取安全感和归属感的重要方式。大学阶段是青少年探寻同一性的关键时期。个体会经常在内心深处思索"我是谁"、"我要成为一个什么样的人"以及"社会和他人怎样评价我"等一系列自我认知问题，但往往不能形成客观的自我认识，在理想与现实、真实与虚假之间也缺乏清晰的同一感，难以形成健康的自我概念。所以，大学生经常出现认知失调的现象，要么自我评价过高，拥有超强的效能感，要么处于自我贬低、自我否定的状态。在这一时期，社会工作介入学生社区服务可以为学生搭建成长平台，提供更多的交往空间和发展途径，多样化活动可以培养出不同层面的优秀分子和学生社区领袖，使其发展出具有内在积极性的自我归属感，从而以积极的心态面对其生活和未来事业。在此意义上，学生可以达到内在认可与外在认可、自我认可与他人认可相一致的状态，不断获取安全感和归属感，从而提高自我认同度。一个实现了自我认同的人，才能获得自信并且悦纳自我。这样的人一般具有健康的人格并且乐观豁达。

实现心理健康是获取安全感和归属感的最终归属。人是社会中的人，他们需要得到来自各种社会环境、社会网络系统的有效支持，如亲

人、朋友、同学、老师等。社会工作介入学生社区服务，通过社会活动、社区服务和社区文化建设，建立学校与家长密切沟通的方式，巩固学生的亲属支持网络，帮助建立更广泛的同辈群体支持网络。学生在获得来自不同社会关系网络的支持后，可以增强自我安全感和归属感，更好地体会生命的价值和意义，从而更加珍惜自己的生命，学会关心他人、帮助他人，形成积极的健康人格。正如诸多心理学和社会学研究所表明的那样，一个人的社会支持网络越大，其心理就越健康。换句话说，实现心理健康是获取安全感和归属感的最终归属，而安全感和归属感的获得离不开社会关系网络的支持。

（二）强化服务育人功能，为学生实现自我认同提供理念基础

服务育人是现代大学教育中的重要内容。社会工作介入学生社区，以学生的需求和愿望为服务的出发点和落脚点，在对学生需求进行调查与评估的基础上，以学生需求为本，以学生发展为重点，提供适切的社区服务，采取有针对性的措施，及时解决困扰学生的问题，以促进学生健康发展。在服务的过程中，始终坚持贴近学生的生活实际、贴近学生的心理诉求、贴近学生在成长成才过程中的价值观，满足学生群体多元化服务需求，形成服务育人的理念，从而为学生的自我认同和健康发展提供理念基础。

校园文化建设是强化服务育人功能的有效方式。社会工作介入学生社区服务，把社会工作的价值、理念和方法引入大学校园，使校园逐步形成一种助人、关爱、奉献的文化氛围，使真诚接纳、相互关心、和谐相处成为大学生人文素养的重要组成部分，从而提升校园文化的层次和质量，营造积极向上的文化氛围，这样的大学"亚文化"会逐渐成为影响社会主流文化的一种正能量，为实现学生自我认同提供动力。

实现全员育人是强化服务育人功能的重要目标。社会生态系统理论认为，社会生活环境中的每一个人都会对他人的行为形成约束与规范，而他人也会对个体行为产生不可避免的干扰和限制（宋丽玉等，2003）。大学校园中的专业教师、辅导员、行政工作人员、宿舍管理员等主体

都会对学生行为产生深刻而重要的影响。社会工作介入学生社区服务，把社会工作的理念、方法、价值传递给大学社区中的每一个人，进而使大学中的每一位工作人员能以平等待人、尊重他人、关怀他人、承认他人的理念来对待学生、关心学生、服务学生。不难看出，在社会工作介入高校学生社区的背景下，社会工作正在担负重构大学生的生活世界，促进大学生实现其之所以为人的完整性的使命，从而更好地实现全员育人的重要目标，提高大学生自我认同感（杨君、徐选国，2014）。

（三）传递"自助"与"互助"理念，增强学生的自我认同感

增加社会资本是形成"自助"与"互助"理念的重要手段。布迪厄（1997：202）最早将"社会资本"这一概念引入社会学研究领域，并将社会资本界定为："实际或潜在资源的集合体，那些资源是同对某种持久性的网络占有密不可分的，这一网络是大家共同熟悉的、得到公认的，而且是一种体制化关系的网络。"换句话说，社会资本包含社会关系网络和互惠、信任、合作等基本要素，社会资本是潜存于社会结构中的一种社会资源，并能为个体带来利益和价值增值，从而为社会结构内的行动者提供便利。

社会工作介入学生社区建设，通过组织各种社会活动，不但可以增进同学之间的交往和沟通，而且可以把人与人交往的礼仪、规范传递给学生。在此过程中，社会工作的技术和方法为实现人与人之间的社会交往提供了示范，学生可以在活动中学会如何与他人建立平等的伙伴关系。同时，社会工作介入学生社区服务，突破了宿舍之间、班级之间的界限，拓展了学生的交往空间，为学生联结新的交往对象。这种良好的人际关系网络也是增加社会资本的前提和基础。社会资本是在人与人之间长期互动与合作中建立起来的，是互动双方的一种合作与信任关系。一次成功的合作会建立起联系和初步信任，并且信任能够不断累积和发展。社会工作介入学生社区服务能增进学生间的互信与合作，减少成员之间的猜疑、敌对等负向资本，增强学生的"自助"意识和"互助"理

念，进而提升社区的凝聚力和学生的自我认同感。

社会工作的宗旨是"助人自助"，是提升服务对象能力，使服务对象在遇到困难、面对人生的挑战时能够积极地面对，并培养自己解决问题能力的过程。"自助"意味着自身成长，也指向个体增能。大学时期是一个人社会化的重要时期，也是人生观、世界观形成的关键时期。在这个阶段，学生需要学习各种社会规范、社交礼仪，并内化为自觉的行动。在学生社区服务中，社会工作通过社区工作、团体工作和个案工作等直接介入方法，将尊重、真诚、助人与服务等理念自觉应用到工作之中，来满足大学生的多元需求。社会工作在基本理念与方法指导下进行大学社区建设，把社会工作"自助"与"互助"的理念传递给大学生，学生以这种精神关心他人、照顾他人，并把这种精神传向社会。可以说，传递"自助"与"互助"理念是形成自我认同的内在要求，也是构建"利他主义"伦理社会的重要内容。

二　尊重包容：高校学生社区服务社会工作介入的基本原则

作为一个新的实践领域，社会工作介入高校学生社区，应该结合大学生群体特点、高校校园社区属性，以及高校原有学生工作和管理体制等实际，建立恰当的工作原则。本书认为，坚持尊重与公平、真诚与接纳、自愿和人性化，是社会工作介入高校学生社区服务的基本原则。

（一）坚持尊重与公平，维护学生人格尊严

尊重是对他人生命和人格尊严的重视，也是对他人深切的和发自内心的关心。公元前5世纪，古希腊学者普罗泰戈拉提出了"人是万物的尺度"（罗素，1997：46）的著名论断，把人看作万物的核心和衡量万物的标准，这是"以人为本"思想的缘起。社会工作作为践行这一社会价值理念的应用性学科，要求社会工作者尊重个人的独立、自由、价值和尊严，每一个人都应受到别人的尊敬、得到公平的对待。在社会实践中，社会工作者要尊重每一个服务对象，不论服务对象的年龄、职业、

文化程度、社会地位、经济收入、相貌如何，社会工作者都应该为其提供公平、平等的服务。就大学社区服务而言，大学生来自不同的地区，家庭背景、学习成绩、遇到的问题也都各不相同，但社会工作者都应给予其一视同仁的对待，尊重每一位学生。以一颗尊重生命的心公平地对待每一位学生，既是社会工作者践行专业使命的要求，也彰显了社会工作坚持"用生命影响生命"的专业情操。因此，尊重与公平不仅是维护学生人格尊严的核心观念，也能够引导学生重视他人、尊重他人、帮助他人、承认他人的行为，从而唤起学生对自我和社会的认同。

（二）坚持真诚与接纳，建构和谐校园文化

接纳意味着积极主动地理解对方，接受对方作为一个独特的个体和人的价值。接纳的关键在于不是以个人的价值观评判对方，而是时刻保持一种真诚、信任和接纳的态度。这不是说我们认可服务对象不甚合理的思想、行为乃至过失，而是强调用发展的观念、温暖的态度和积极的关注，对服务对象的思想与行为给予真诚的理解和引导（许莉娅，2009：91~92）。因为对任何人而言，其思想和行为的产生都有一定的缘由，应秉持理解的态度去看待，把问题和行为放到对方的生活环境中去考察，即坚持"人在情境中"的视角，以"社会学的想象力"的视角来看待学生所遭遇的问题和所生活的环境脉络。这种"非批判"的工作方式与传统的思想政治教育工作截然不同，可以为学生创造一个更加宽松的环境，使其与他人建立更加真诚互信的关系，为建构和谐校园文化奠定良好基础。

（三）坚持自愿原则，满足学生社会需求

高校学生社区服务要以大学生为主体进行设计。社区服务要满足学生的物质和精神需求，提高学生的生活质量，促进学生的发展并改善校园文化环境。同时，要依据自愿原则，鼓励学生积极参加社区服务和校园其他活动。社会工作者在服务与帮助学生的过程中，着力培育一种具有公共精神的校园文化，进而调动学生在社会实践活动中的积极性、自

主性和创造性，培养学生参与公益事业的热心和承担公共事务的责任心，从中发现社区领袖，并使社区领袖成为社区建设与社区发展的主干力量。因此，自愿原则是满足学生社会需求的重要保障。

（四）坚持人性化方式，"刚柔并济"实施社区管理

制度和规范是刚性的，往往采用强制性的方式来落实，并带有一定的惩戒性。从行为主义心理学来看，"戒律性"惩罚对训练青年避免违反一些规则有一定的警戒作用，但在执行过程中往往显得刻板、缺少人情味。社会工作是以人为本，充满人情和温暖、关心和爱护的专业活动。在学生社区服务中，以柔性的人性化方式来执行刚性的社会制度和规范，能让学生体会到人性中的温暖和善良、关心和爱护，从而发自内心地遵守规章制度。特别是对已经有了基本判断能力和基本价值取向的大学生来说，以人性化的方式来执行刚性的制度和规范，使大学生认为自己得到了他人与社会的尊重和认可，特性、能力和主体性地位得到承认，这能让大学生由衷地感动，社区服务可能会产生更好的管理效果。

三　协同构建：高校学生社区服务社会工作介入的路径选择

借鉴和引入人性化、专业化工作理念方法，创新高校学生服务和管理体制，已经成为高等教育质量提升和高校治理机制创新的迫切要求。社会工作应发挥其专业优势，与传统学生工作的优势结合，整合各方面资源条件，在介入高校学生社区服务中协同构建作用空间，取得突破性发展。

（一）加强学生社区服务队伍建设，实现专业社工与学工的有机结合

专业社会工作人才队伍进驻校园。可采用政府购买或学校购买服务的形式，由社会工作机构派出专职社会工作者参与高校学生社区服务与

社区建设。专业社会工作者进驻校园后，需要了解学校的运行机制，与学校分管学生工作部门和后勤部门建立联系和沟通机制，并获得学校相关部门的支持和认同。学校的工作人员，包括辅导员、专业老师、行政工作人员、后勤服务人员都是学生成长中的重要"关系人"，其对学生成长和发展的影响是深刻而长远的。社会工作者要对所有学生工作管理人员进行专门培训，把社会工作的价值、理念、技术和方法传递给学工队伍和学生管理人员，实现"全员育人"的目标。在学校工作的每一位教职员工都要深深认识到自己的这一特殊身份和角色，能够自觉以平等、尊重、关心、爱护的心理和态度对待学生，实现专业社会工作服务、理念与人才在高校场域的嵌入。

组建和培养学生志愿服务队伍。发挥专业社会工作整合、管理和凝聚志愿服务资源的优势，吸引大学生组建各类志愿服务队伍。采取同伴传递与朋辈教育的方式更容易影响和感染更多学生参与志愿服务和公益事业，也能把学生的愿望和诉求更好地转述和表达出来。在具体的社区服务中，通过志愿服务实践，可以培育大学生热心社会公益事业的奉献精神、服务精神和慈善精神，使其形成以对社会的关怀为根本的社会价值观。他们既可以服务于学生，也可以服务于社会，成为学校社会工作和学校社区服务的重要力量。

实现社工队伍与学工队伍的有机结合和无缝链接。原有的学生工作队伍，包括学校的党团组织、学生处、辅导员、学生会、学生社团等，积累了丰富的工作经验，形成了一整套比较完整的学生管理制度和办法。学校社会工作者进入学校，关键是把社会工作的理念、方法、技术和服务嵌入学校体制之中，协助解决原有学生工作面临的困难和问题，实现更好的服务与管理。社会工作者的方案策划、工作计划若想得到有效的实施和落实，必须得到原有学生工作队伍的支持。发挥学工队伍和社工队伍在方案制订、服务提供方面的各自优势，促进两支队伍相互支持、密切协作，是改进高校学生社区服务的重要基础和保障。

（二）加强学生社区服务平台建设，引导学生提高自治管理与互助服务能力

开展学生需求调查。学生社区服务以学生的需求为本，其服务项目和服务活动依学生的需求而设计。因此，调查学生的需求是学生社区服务的一项重要工作内容。社会工作者通过问卷调查、网络调查、宿舍走访、个案访谈等形式了解学生的想法和意愿，在对调查结果进行统计分析的基础上，设计出符合学生需求的活动方案和活动项目。

建立学生社区服务中心。根据学生的需求，在学生生活集中区域建立社区服务中心，设置个案工作室、小组工作室、图书室、活动交流室、宣传栏等功能区间，设计服务方案，并把服务内容、活动时间、活动目标通过宣传栏、海报等形式向学生公开，学生可以根据自身的需求有选择地参加。这样既能为学生提供便捷的服务，也便于社会工作者随时了解学生的需求。

拓展自治管理与互助服务平台。学生社区服务中心不仅是为学生提供服务的场所，也是学生实现自我管理、互助服务、共同发展的重要平台。学生社区服务中心倡导自我管理、自我服务、遵守学校的管理制度，并在此基础上成立学生社区自治组织，坚持助人自助的服务理念，明确学生主体的权利与义务、功能与责任，逐步实现学生社区的自治管理。

（三）加强学生社区服务网站建设，打造学生思想交流与诉求表达空间

在信息化社会条件下，必须促使高校学生树立社区"两度空间"观念（张阳军，2006），重视对虚拟社区的开发与管理，开设吸引力强的社区服务网站。把社区服务网站建成学生利益诉求、情感愿望、思想观点的表达空间，社区服务网站是学生参与社区建设的有效形式。通过社区服务网站，学生可以发表自己的作品，建立网络人际关系，也可以表达自己的利益诉求，发表对学校工作和学生事务的看法。学校社会工作者和学校工作人员既要对网站严格管理，倡导实名注册登记、文明使用

网络、不传播谣言、不散布虚假信息，又要积极回应学生的诉求，及时解决共性问题，重视化解个性问题，对一些关系学校发展、社区建设改革的建议引导学生开展讨论、辩论，使虚拟社区资源得到有效的开发和利用。此外，社会工作者也可以通过网站、微博、微信等多种媒介宣传社会工作，提升各方对社会工作的了解与认同程度。

（四）加强学生社区服务机制建设，促进个人、学校、家庭、社区"四维互动"

首先，社会工作介入学生社区服务，其服务的对象是学生，但是学生也具有丰富的资源和巨大的潜能，学生既是服务的客体资源也是服务的主体资源。充分发挥学生的主体作用，深入挖掘学生的潜能，是学生社区服务中的一项重要内容。其次，作为主体单位，学校是学生社区服务的工作组织者、资源提供者、方案落实者。学校要制定学生社区服务的相关政策，强化"社区属地"的教育管理意识（周艳华，2012），在人力和财力上给予大力支持。要把社区服务与思想政治教育、大学文化建设有机结合起来，促进大学生知行合一、健康成长（刘新庚、刘韧，2014）。专业社会工作者要与学工队伍一道，充分利用学校的资源开展学生服务。再次，家庭是学生社区服务的有力支持者。高校学生社区服务倡导充分利用家庭的资源，家庭在给予学生经济支持的同时，也要在心理上、精神上、学业发展上继续保持对学生的关心。学校社会工作者可以通过家长会、书信、电话等形式与家长保持密切的联系，充分调动家庭的资源，为学生的健康成长和学校的发展服务。最后，学校所在社区是学生社区建设的重要环境资源。高校学生的就业、创业、勤工俭学、志愿服务都离不开学校所在社区。学生社区服务可以积极为学校所在社区发展服务，并争取学校所在社区参与、支持学生社区建设，实现资源共享、协同发展。不难看出，学生社区服务的一个显著特点就是能够整合各种资源，使其共同为社区的建设和发展服务。学生社区建设不仅仅是学校管理与服务改革的重要内容，也是学生、家庭、学校及其所在社区共同的责任，更是实现服务育人的重要载体。

四 结语

　　高校学生工作领域的社会工作介入，已经成为拓展学校社会工作实践范围的重要议题，对于满足当代大学生多元化、个性化服务需求以及引导其提高社会行为能力具有现实意义。社会工作介入高校学生社区服务，应坚持以"自我认同"为核心价值理念，有效搭建学生成长平台，强化服务育人功能，传递"自助"与"互助"理念，帮助服务对象树立和增强自我认同感；秉持"尊重包容"的工作原则，尊重学生的人格尊严，公平对待不同服务对象，对学生的个性化思想行为给予积极的理解和引导，鼓励学生自愿参与服务活动，更加注重采取人性化手段实施社区管理。在此过程中，要以推进专业社工队伍与现有学生工作队伍的密切协作为基础和保障，拓展学生社区服务的有形平台与虚拟空间，并建立学生、学校、家庭和学校所在社区各方面资源整合利用机制，使学生社区服务扎实起步、持续进步，并朝着制度化方向发展，成为创新高校学生管理与服务体系、加强和改进高校学生思想政治教育的有效实践，在助推大学生成长成才中发挥不可替代的重要作用。

第十章　高校校园暴力的社会工作介入[①]

近年来，高校校园暴力不时发生，说明传统的高校校园暴力预防和干预模式存在一些不足。作为一种专业的助人方法，学校社会工作在高校校园暴力的介入中有着独特的空间与优势。本书旨在把学校社会工作的专业理念和方法引入高校校园暴力的预防和干预体系之中，并从学生、学校、家庭、社区等系统进行分析，尝试构建学校社会工作视角下相互融合、多元整合的介入模式。

高校校园暴力不仅对受害者及其家庭造成了严重的伤害，而且破坏了校园的稳定与正常的教学秩序，产生了极其不良的社会影响。高校校园暴力事件的发生，在某种程度上也说明传统的高校校园暴力预防和干预模式无法有效回应转型期各种新问题和新状况对高校大学生的诸多影响。目前，对于高校校园暴力的分析主要基于法学、犯罪学、社会学和心理学的相关视角，在实务过程中往往基于传统行政化的介入模式。作为一种专业的助人方法，学校社会工作在英、美等国家具有较长时期的发展历史，积累了丰富的实践经验，如在美国，针对学生所受学校、家庭和社区环境因素影响的不同，形成了包括传统临床模式（the traditional clinical model）、学校变更模式（the school-change model）、社会互动模式（the social interaction model）、社区学

[①] 本章内容曾以《高校校园暴力的学校社会工作介入》（作者张燕婷、付佳荣）为题发表于《华东理工大学学报》（社会科学版）2014 年第 2 期，收入本书时已征得付桂荣同意，且内容有修改。

校模式（the school- community model）（Alderson，1988：57-74）和学校 - 社区 - 学生关系模式（school-community- student relations model）（Costin，1975）在内的多元学校社会工作模式。日本的学校社会工作也注重对学生逃学、被欺负、被虐待、发展障碍等方面的援助和介入（黄辛隐，2006）。我国香港地区在政府支持下，积极地推行"一校一社工"机制，为不同层次的学校青少年提供多元化社会工作服务（管向梅，2004）。这表明，国际上，学校社会工作介入大学生、中小学生等不同性质、不同层次的学生群体已成为惯例，学校社会工作在介入高校校园暴力、校园欺凌等事件中有着独特的空间与优势。本书尝试运用学校社会工作的专业理念和方法对高校校园暴力的介入模式进行深入分析和思考，并建构一种多元整合模式，以助推学校社会工作协助高校学生工作的相关服务和实践。

一　校园暴力发展的新态势：学校社会工作介入的前提

（一）高校校园暴力内涵演化及其界定

在进行高校校园暴力的介入模式分析过程中，有必要对基本概念进行科学理解与思考，并熟知校园暴力的维度与类型划分，因此，对于"校园暴力"的概念界定就成为一个重要前提。在学术界，对于"校园暴力"概念有着许多不同的解读，尚未达成一致的见解。姚建龙（2008）通过对国内相关学者观点的梳理，根据暴力场域和对象的不同，认为目前存在着两种具有代表性的界定模式。一种是以"校园"为中心的校园暴力界定模式，这种模式强调暴力行为以学校为中心，主要观点有"校园内暴力说"、"校园内及周边暴力说"和"校园被害人说"等，涉及暴力行为发生的区域位置以及暴力的影响因素；另一种是以"师生"为中心的校园暴力界定模式，这种模式的主要观点有"被害人说"、"加害人说"和"综合说"，这种模式主要在暴力侵害对象的范畴层面进行了界定（管向梅，2004）。通过分析可以发现目前研究主要集中在对场域和对象的讨论上，这些模式的界定基于一个整体校园暴力的模型。

然而，高校校园暴力事件还在其他一些重要维度上体现出独特之处，相对于中小学校园及管理制度，高校的社区场域和文化更加开放和多元，进入高校场域的对象也更为繁杂，学生、教职员工和其他社会人员进入学校较为容易，相应的进出管理制度并不完善。同时，高校学生拥有更强的主体性和自主性，活动的范围较广，社会资源的链接能力较强，这些都逐渐超越了校园的单纯围墙界限，高校与其周边的社区界限比较模糊，并没有特别清楚或者严格的界限。因此，笔者认为高校校园暴力的内涵界定，在地域层面上应以"学校社区"为中心，在暴力性质、暴力缘由等方面应该考虑高校校园的开放性、文化多元性、社区复杂性等要素。通过对近年来的校园暴力事件进行分析，可以发现虽然教师群体和其他一些非校园外来群体也受到了不同程度的影响，但主要的施暴群体和受害群体是学生群体，因此，在进行对象界定的过程中，"学生 - 学生""学生 - 教师""学生 - 社区""学生 - 家庭"关系应成为高校校园暴力关注的重要对象域。根据目前的现实案件，纯粹的"师生"中心模式界定并不具体。随着社会的发展与变革，以及科技、信息的迅速扩张，校园暴力的内涵外延其实也在不断地扩张。美国的一些研究显示校园暴力的内涵在内容上其实是不断拓展的，校园暴力包含一系列的行为：生理伤害、心理伤害和财产损失，频繁的恃强凌弱、语言威胁、团体暴力，对教职员工施加暴力，以及对同性恋、跨性别、双性恋群体施加暴力等（Allen-Meares，2014：175）。基于以上的整理和分析，笔者认为高校校园暴力的内涵界定应以"学校社区"和"学生 - 学生 / 学生 - 教师 / 学生 - 社区 / 学生 - 家庭"为核心，而且两种界定的模式本质上并不冲突，显示了互动、动态的关系网络空间，呈现一种"场域 - 文化 - 结构 - 行动"多元视角的理解。与此同时，在内涵界定时也要兼顾社会变迁对暴力内容的影响，对于高校校园暴力的界定除了要基于高校校园暴力的本质，而且也要明确高校校园暴力与社会的发展是存在密切关系的，具有社会性和动态性的特点，受到多元文化的影响与投射。因此，高校校园暴力内涵的界定也说明相关的介入应该是多元取向的。

（二）高校校园暴力的主要表征

有效的社会工作介入，需要对高校校园暴力行为 - 事件的特点进行切实把握。改革开放以来，我国市场经济得到迅猛发展，社会的变迁和急速转型，以及多元文化的进入，对高校学生造成了深远影响，尤其对其思想价值层面的冲击更为显著，功利主义和个人主义思潮的盛行，多元主体性的自我释放、表达和空间挤压，转型期社会竞争的加剧，这些都使高校校园暴力行为 - 事件呈现了新的变化与特点。目前高校校园暴力行为 - 事件主要呈现如下特征。第一，暴力类型多样化。近年来，高校校园暴力类型更加多样化，常见的高校校园暴力类型包括自残、自杀行为，校外人士进入校园造成的暴力行为，师生之间的暴力行为，学生之间的暴力行为，以及教师之间的暴力行为等（夏玉荣、余吉生，2005）。这些暴力行为 - 事件一般会涉及生理伤害、心理伤害和财产损失，而且在生理伤害和心理伤害方面呈现深度伤害的特点，一些暴力行为直接导致受害者失去生命，有些行为会导致受害人或家庭长期处于心理创伤之中。第二，暴力手法技术化。相对于中小学生，高校学生有着更强的认知和操作能力，知识水平较高，在信息爆炸的时代，更容易获取相应的信息（马崇坤，2011）。在实施暴力行为上，手法比较细腻和缜密，高智商犯罪数量近些年呈现上升的趋势。第三，暴力影响传播化。微博、微信等新兴媒体的广泛普及，使得信息的传播十分迅速，暴力行为一旦发生，呈现快速传播的特点，高校学生受到校园文化和亚文化群体的影响较大，有些暴力行为可能被其他学生模仿。第四，暴力人群符号化。在高校中，施暴者和受害者存在一定的符号特质，一些边缘学生往往更有可能成为涉暴人群，社会结构转型造成了许多边缘人群，一些问题大学生、问题家庭子女、贫困大学生等常常成为校园涉暴人群。第五，暴力原因多元化。暴力行为产生的原因主要涉及社会因素、家庭因素、学校因素和个人因素，这些因素逐渐成为导致高校校园暴力产生的核心因素（何江军、张庆林，2006）。此外，高校校园暴力事件还具有零散性与团伙性并存、偶发性与预谋性同在、报复性与残忍性兼具等特征（Allen-Meares，2014：175）。

　　形成上述新型校园暴力行为 - 事件特点的原因复杂多样，既与社会转型、社会变迁等宏观结构要素有关，如很多施暴者由于社会适应不良而产生施暴的行为，也与目前相关社会福利制度和服务体系不健全等中观制度要素有关，如部分特殊人群由于未能得到应有的制度扶持而对社会、个人采取报复性手段，还与个人、家庭、社区等微观因素有关，这些因素又与宏观结构要素和中观制度要素密切相关。结合国际经验以及我国部分高校进行的学校社会工作实践，本书认为，社会转型期呈现的新型高校校园暴力行为 - 事件，对学校社会工作的介入提出了新的要求和挑战，同时，也扩展和丰富了学校社会工作介入的领域和内涵。社会变迁带来的一系列问题导致学生成长过程中出现的各种需求，成为高校学校社会工作介入的根本前提。

二　专业服务与系统建构：学校社会工作介入的优势

　　随着我国经济、社会转型不断向纵深推进，在新旧体制的转变过程中出现大量社会问题，如贫富差距持续拉大、不平等恶性竞争盛行、拜金主义兴盛、享乐主义之风不断等都对学校及其所涉及的主体产生了较大的负面影响（万晓东、储瑶，2007），而且当今家庭、学校、社区对高校学生行为的约束力存在着明显的下降趋势，个别高校自身也出现了一些管理真空，许多高校学生在自我管理和约束方面缺乏足够的引导。高校校园暴力事件也在某种程度上说明传统的高校校园暴力介入模式存在着一定的问题。传统的防控模式强调国家、学校、家庭三位一体，倡导国家、学校、家庭的整体介入，但是对校园暴力的形成机制缺乏了解，而且在制度与实践层面存在脱节，缺乏有效着力点（张善根，2010），并没有形成真正的合力，在理念、内容和手法上都存在一些不足，需要进行有效的反思和改善。相关研究表明，高校现有的学生工作体系不容乐观，学生对学校工作的满意度不高，从业人员本身也普遍存在着工作压力大、成就感缺乏、对职业前景持悲观态度等严重问题

（孙跃，2009：1）。相反，学校社会工作具有以人为本的价值理念、丰富的基础理论和灵活多样的工作方法，在解决日渐复杂化的大学生问题时，更易为大学生所接受，更具针对性和有效性。

学校社会工作作为政府、社会各方面力量或私人经由专业工作者运用社会工作的理论、方法与技术，对正规或非正规教育体系中全体学生，特别是处境困难学生提供的专业服务，其目的在于帮助学生或学校解决所遇到的某些问题，调整学校、家庭及社区之间的关系，发挥学生的潜能和学校、家庭及社区的教育功能，以实现教育目的乃至若干社会目标（全国社会工作者职业水平考试教材编写组，2007：352）。作为一种专业的助人方法，学校社会工作在基本范畴和服务对象上更加具体和明确，基本上涵盖了学校所涉及的所有服务主体（姚建龙，2010：106），而且介入的层次也更加丰富，在许多国家和地区的服务实践中取得了良好的服务效果。根据美国的校园暴力介入经验，学校社会工作已经成为校园暴力预防和介入的重要手段，作为一个专业服务项目，在制定和实施政策以及干预校园暴力的过程中正发挥着愈加重要的作用，这使得校园更加安全，为学生提供了一个更加健康的学习环境（Allen-Meares，2014：175）。近年来，随着我国新型社会服务模式的不断倡导和发展，学校社会工作在介入和预防高校校园暴力方面的空间与优势也逐渐显现出来。

（一）在价值理念上，有助于改善"问题导向"的介入模式

对于高校校园暴力的防控和介入，高校传统的行政干预思路往往是一种自上而下的防控体系设计，一般是由相关行政部门进行引导和管理，较难发挥学生的主体性和能动性，而且基于问题的视角去处理相关暴力行为，也较容易导致暴力行为污名化（吴安新、张磊，2011），进而产生更多的不良影响，同时加重了学校相关部门的管理压力。社会工作是一个价值取向比较明显的专业，强调"助人自助""平等""尊严"等，核心是"人"的理念，强调人具有潜能和改变的力量，这与整个社会的主流价值是非常契合的，而且对不同人群有着更高的接纳度。

学校社会工作注重在高校校园暴力防控和介入过程中强调学生的主体性力量，基于优势视角，注重发挥学生的潜能，培养学生的自主性和能动性，进而构建更加和谐与人性化的学生管理体制。

（二）在服务内容上，有益于弥补传统介入模式的功能失灵

在校园暴力介入层面，目前高校主要通过思想政治教育、心理评估、设立心理咨询中心、组织相关活动等来进行服务，这些内容在实践中取得了一定的成效，但是在功能上的缺失是明显的，主要体现出服务效率较低、覆盖面较窄，以及危机干预效果不明显等问题。学校社会工作的专业服务往往基于生态系统模型，内容比较多样，在社区、学校、家庭等层面都有相应的服务体系，而且逻辑比较清晰，相互之间的联结比较密切。学校社会工作的服务模式可以有效弥补高校原有工作体系存在的功能性不足，配合原有的服务体系，构建出更加全面的服务模式。

（三）在介入方法上，有利于整合和催生新型的介入模式

高校原有学生工作体系比较强调行政控制和任务导向的干预方式，这种介入方式比较单一，可能会忽视学生的积极性和参与度，导致整体介入目标不能很好地达成。学校社会工作是理论与实务并重的专业方法和技术，借鉴了人类学、心理学、社会学、管理学、文学和美学等多元学科的理论和方法，具有较强的实践性，并在长期的积累与沉淀中形成了一整套专业实务手法，比如个案工作、小组工作、社区工作、社会工作行政、社会工作研究等，而且针对不同学生的问题和需求，可以采取有针对性的专业介入方法。学校社会工作有着较强的实操性和比较多元的服务手法，在服务方式上注重以学生需求为本的工作导向，重视学生主体性的建构与彰显。因此，学校社会工作较为符合现代高校管理的趋势和特点，对于现有的高校管理手法有着非常现实的借鉴意义。

另外，学校社会工作对于高校校园暴力的介入存在着一定的空间，这是源于学校社会工作的理念和手法在现实层面是可以真正嵌入高校整

体服务体系之中的（方劲，2011；程毅，2010），具有可行性的条件比较充分，这也为学校社会工作与原有的高校校园暴力防控体制和介入模式的整合奠定了现实基础。

三 资源整合与多元协同：学校社会工作介入的路径

基于社会工作的理念和内涵、服务对象的切实需求以及目前的社会工作介入模式，学校社会工作针对高校校园暴力，主要应基于"学生 - 学校 - 家庭 - 社区"相互融合、多元整合的模式（见图 10-1），从校园暴力的不同影响因素出发进行防控和介入，同时关注不同系统之间的互动与整合，因为对于高校校园暴力的介入，学生、学校、家庭和社区都是重要的影响因素和资源，割裂式的介入不能较好地应对目前存在的问题和满足服务对象的需求，只有积极整合资源，激活社会资本，形成合力，才能取得更好的效果，而学校社会工作正是激活整个网络的重要动力。

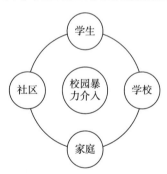

图 10-1 "学生 – 学校 – 家庭 – 社区"多元整合的介入模式

（一）学生层面：立足实际，提供多元服务

基于目前的研究，学生在整个校园暴力的介入中始终是最重要的主体，在介入的过程中，最根本的是要重视学生的主体性和自主性，需要认真评估学生的需求，并契合学校的教育功能和现有资源，主要通过各种专业形式来开展相应的专业服务。第一，开展针对校园暴力的生活技能教育。这是一种很有效的干预措施，主要是帮助学生学会处理矛盾冲

突、改善人际关系、及时处理自己的心理问题、学会利用求助等技巧来避免校园暴力的发生（王超、马迎华，2005）。第二，开展法治教育。普及相关的法律法规知识，培养学生的法律意识，引导学生辨别违法行为，进而习得使用法律武器来保护自己，而不是在冲动下做出一些非理性的选择，努力营造法律观念较为普及的校园氛围。第三，开展团队教育。大学生的集体生活要比中小学生涉及范围更广，在人与人、人与群体、群体与群体的互动中，人次较多，时间较长，因此对团队的沟通与合作教育是有必要的，而且良好的同辈群体支持对于预防校园暴力也是十分重要的。通过开展团队教育，培养团队气质和精神，形成更加多元的支持网络，进而降低校园暴力的发生率。第四，开展人生教育。根据社会控制理论，许多暴力行为是由奋斗目标、参与、信仰等关键的社会纽带弱化引起的（李晓凤，2010：227），引导学生树立正确的人生观和价值观，有助于强化学生的社会纽带，有效控制校园暴力行为发生。

（二）学校层面：转变理念，加强制度改革

学校是学生学习和发展的载体，也是预防和介入校园暴力的重要主体和资源。第一，健全监控评估体系设计。通过学校社会工作者的协调和组织，设计出一套学校教学人员、行政人员、其他服务人员以及学生和家长广泛参与的监控评估体系。这套监控评估体系包括对频发暴力事件的校园地点的监控、对学生日常生活区的监控、对阶段性心理-社会状况的监控和评估（大一至大四学生、研究生等）、对一些存在较高风险的群体（大一新生、边缘学生等）的重点监控和保护，加强学校管理和服务，切实保护学生的身心安全。第二，构建校园支持网络。努力构建学生-学生的同伴支持网络、学生-老师（辅导员等）的支持网络、学生-服务部门（心理咨询中心、学生服务中心等）的支持网络。目前，一些高校心理咨询中心的服务参与率偏低，在某种程度上说明并没有形成一种有效的支持网络，只是单纯的行政设置，任务模式比较明显，学生对相关专业服务部门缺乏足够的了解和信任，学生有一定的心理波动时常常借助周围人际支持网络，而周围人际支持网络存

在不稳定性，也难以保证可以真正满足学生的相关需求。因此，要积极构建专业的支持网络，为学生提供更多的专业支持和帮助。第三，通过相关项目进行引导。在进行高校校园暴力的介入时，也可以引入相关项目进行有效的干预，部分国家和地区已经开始采用这些方法，许多干预项目在校园暴力的防控中有着良好的效果，比如美国的 GREAT 项目（Guiding Responsibility and Expectations for Adolescents for Today and Tomorrow），这个项目主要由 20 节 40 分钟的课程组成，每节课程都在前一节课程的基础上介绍问题解决模型的应用和特别的暴力预防技巧。这个项目在接受严格的评估后，得到了非常好的评价，成为美国 The Substance Abuse Mental Health Services Agency 的指定项目。这些项目的授课形式比较新颖，学生的接纳度也较高（何江军、张庆林，2006）。第四，倡导以人为本、优势视角的高校服务理念。社会工作的专业理念强调服务要契合服务对象的需求，有着比较明显的现实价值，有益于改善传统的服务方式，提高服务的意识和技巧。

（三）家庭层面：加强互动，提升家庭功能

一般而言，绝大部分高校学生在高等教育阶段，与家庭的空间联系并不是很紧密，每年与家人相处的时间也比较短暂（一般是寒暑假），但家庭依然是校园暴力的影响因素之一，因此，家庭也是整个体系中的重要一环。第一，加强学校与家庭之间的关系，可以与家庭进行适当电话沟通，关注家庭的动态发展。比如，有的学生可能遭遇家庭变故，这会严重影响到他的个人行为，所以及时掌握情况有益于帮助学生处理困难。第二，促进家庭文化的移植性发展。将家庭的理念纳入整个校园体系之内，通过相关的服务，把家庭文化移植到学生社区，让学生们可以更多感受到家庭般的温暖，不仅可以促进家庭文化在学生社区的融入，减轻空间距离对心理距离的影响，也可增强学生对于学校的归属感和认同感。第三，注重家庭成员与学生之间的沟通，增进亲子关系、促进家庭和谐，是避免高校校园暴力的重要途径。这就需要家庭成员，尤其是家长具有较强的法治意识，能够较好地引导子女健康成长，通过有效的

教育和引导，传递爱与善的理念，避免子女因家庭、同伴、社区等不良因素的影响和同化而实施暴力行为。同时，也要教会子女如何在当前复杂的社会脉络之中加强自我保护。

（四）社区层面：营造环境，构建支持网络

学生的社区生活受到社区环境和社区文化影响比较明显，因此，在暴力行为的防控和介入中加强对社区环境的管理，以及社区文化的塑造是十分有必要的。第一，加强对学习社区、生活社区和延伸社区的管理。在这三种类型的社区里，生活社区是频发暴力的环境，尤其是学生宿舍，因此要加强对学生宿舍的管理，改善宿舍成员间的关系，对学生的宿舍矛盾进行及时的回应和干预，保障学生的身心健康和财产安全。第二，构建和谐、多元的社区文化。相对于中小学生，大学生有更多的主体表达机会，和谐、开放、包容型的社区文化有利于减少校园暴力。第三，完善社区功能。当学生社区功能缺乏的时候，学生倾向脱离可控的社区去满足自我的需求。比如，如果社区里面缺少足够的生活设施和娱乐设施，学生为了寻求服务，就会离开熟悉的生活空间，在这种情况下更容易触及风险。第四，加强社区安保。常规化的安保基本设置在校园的地理界限上，其实也应该在学生经常活跃的地方开展相应的保护工作，尽量保证学生的人身安全。

可以发现，学生、学校、家庭和社区层面包含许多服务内容，这些服务内容的构建体现了学校社会工作与传统高校校园暴力介入模式的融合，通过学校社会工作者的协调和资源链接，形成了一个联动性和整体性较强的服务体系，这些服务基于共同的专业理念，在本质上彼此相连、互相影响。学校社会工作与传统的介入模式最大的不同体现在理念和整合度方面，学校社会工作的介入模式更加强调整体的协调、融合，而不是独立的、固化的服务体系，在学校社会工作介入的整个模式里，学生的角色和主体性被肯定，学生作为核心主体进入整个介入模式之中，并通过广泛的参与获得了新的赋权，这些都有助于相关高校校园暴力介入工作的顺利开展。

四 结语

总之，高校校园暴力作为一个严重的校园安全问题，应该得到更多的关注。学校社会工作在高校的产生和发展，与中国高等教育改革这一时代背景息息相关。学校社会工作作为一种专业的介入方法，在理念和实践层面上形成的新思路，对于高校校园暴力的干预有着非常重要的现实意义。然而，社会工作在我国还属于新生的事物，整体的社会认同度较低，大众对于这个专业缺乏足够的了解。在具体的实践过程中，应该基于一个循序渐进的过程，还需在方法层面多一些本土化的理解和思考。同时，在嵌入的过程中，也要考虑到与原有工作模式的融合。高校校园暴力仅仅是高校场域面临的问题表现形式之一，高校学生在学习、生活过程中还会面临更加复杂、更加多元的社会问题，因而对学校社会工作有更为急迫的需求。当下及今后的一个重要议题在于：高校学校社会工作应找准自身定位，协调好与高校原有学生工作系统各部门之间的关系，努力开拓服务领域和介入空间，为在成长的过程中需要帮助的大学生提供专业的服务与援助（魏爽，2007）。

第十一章 学校社会工作嵌合发展的
演进逻辑与实践策略[①]

　　学校是儿童和青少年日常学习生活的重要场域。我国传统的"大德育"学生工作架构以思想政治教育为核心，几乎涵盖了社会意识形态的所有内容，在促进学生全面发展方面发挥了重要作用，积累了宝贵的工作经验。但因任务为本、问题取向、强调控制管束等局限，也存在重教导轻服务、重行政任务轻学生需要、重学生问题轻学生优势、重管束控制轻授权增能、重各部门独立作战轻团队合作、重道德说教轻道德实践等现象（许莉娅，2012）。20世纪90年代后期，学校传统学生工作体系已难以满足学生成长需求，专业化的学校社会工作应运而生。2021年6月1日，最新修订的《中华人民共和国未成年人保护法》和《中华人民共和国预防未成年人犯罪法》（以下简称"两法"）正式施行，"两法"都强调社会工作参与未成年人保护和教育的职责。作为社会工作的一个重要分支，学校社会工作以尊重人性的平等和价值为理念，运用专业的理论、方法与技术，评估学生遇到的问题和成长需要，并提供适切的服务，以帮助学生更好地适应现在及未来生活世界（沈炜，2012）。因此，开展学校社会工作研究，探讨学校社会工作与思政工作的协同发展，对于创新学生工作的"全过程育人"机制具有重要的理论价值和实践意义。

---

　　① 本章内容曾以《学校社会工作嵌合发展的演进逻辑与实践策略》（作者张燕婷、杨发祥）为题发表于《学海》2023年第2期，收入本书时已征得杨发祥同意，且内容有修改。

本书采用质性研究方法，以 D 市多所不同类型的中小学和职业学校为调研对象。资料收集工作分两个阶段进行。第一阶段，课题组于 2013~2015 年通过深度访谈和问卷调查开启第一轮资料收集工作，全面了解 D 市学校社会工作发展的基本情况，掌握 D 市学校社会工作的发展状况、实践策略、实践成效及面临的主要挑战等。第二阶段，笔者于 2021 年再次开启了以深度访谈和参与观察为主的第二轮资料收集工作，及时掌握 2015 年以来 D 市学校社会工作的动态发展情况，并与第一轮收集的资料进行对比。两轮深度访谈对象均包括学校社会工作者和学生工作部门人员。与第一轮有所不同，第二轮深度访谈主要采取"目的性抽样"方法，先选取呈现出嵌合发展特征的学校，再据此确定深度访谈对象。在资料收集的过程中，课题组会同步进行资料分析，在相互对照验证的同时为后续资料的收集及分析奠定基础，形成一个循环往复的研究过程。具体而言，课题组运用"三角验证"的方法将深度访谈、参与观察及问卷调查收集的资料进行交叉对比，以有效提高资料的信度和效度。

一　相关研究与理论视角

（一）相关研究

我国专业社会工作自恢复重建开始，就落入原有社会服务模式占支配地位的时空中，即专业社会工作嵌入原有社会服务领域之中并谋求发展，这一过程被称为嵌入性发展（王思斌，2011）。嵌入理论的提出，引发了学界的广泛关注和讨论。学者们分析了社会工作嵌入发展的阶段、运作机制及其影响，提出"增量嵌入"（赵环、尹阿雳，2016）、"双向嵌入"（尹阿雳等，2016）、"多层次嵌入"（陈伟杰，2016）等类型。作为一种理论迁移的结果，学校社会工作嵌入发展研究主要聚焦在发展模式、发展路径、理论基础及实践策略等维度。

第一，学校社会工作嵌入发展模式研究。学校社会工作嵌入发展模式，主要分为"内嵌式发展"与"外嵌式发展"。前者通过学校内部的人力资源和功能整合，让原有工作人员学习社会工作知识、了解社会工作价值观、运用社会工作方法开展社会工作服务；后者则通过政府购买服务、公益服务支持等方式，由外部的社会工作服务机构或团队进入学校开展社会工作服务（王思斌，2018）。内嵌式发展历程中的阶段性现实问题，可以通过制定制度、提升专业素养、宣传等方法予以解决（蔡屹，2006），尤其可通过促进学校内部变革，创造适合的内生发展路径（沈炜，2012）。比如，将学校社会工作理念和方法嵌入辅导员工作机制，实现高校辅导员的功能拓展与角色重塑（易钢等，2015）。外嵌式发展模式则强调学校社会工作的实践权（王思斌，2012）和制度建设（史柏年，2012），注重构建由专业社会工作机构主导、立足社区、联结学校的创新工作模式。当然，由于实践的复杂多元，学校社会工作嵌入发展模式也存在介于内嵌式和外嵌式之间，抑或是混合嵌入的边界模糊现象。

第二，学校社会工作嵌入发展路径研究。从发展缘起看，学校社会工作形成了自下而上、自上而下、自上而下与自下而上相结合的三种嵌入路径（许莉娅，2012）。从发展趋势看，学校社会工作循着"嵌入—建构—自主"的演变趋势，相应形成了边缘嵌入、浅层嵌入、深层嵌入和自主嵌入等四种发展路径（李晓凤等，2019）。从可行性角度看，学校社会工作可以通过"个案工作—小组工作—社区工作"的实践路径，逐步嵌入到多元主体的协同机制中（高潮、彭丽媛，2016），进而获得制度化认同，同时保持自身主体性（张大维、郑永君，2015）。以理念基础、价值取向和工作目标为导向，"理念嵌入＋方法嵌入"是社会工作介入学校思想政治教育创新的本土化路径（成洪波，2014）。

第三，学校社会工作嵌入发展策略研究。从生态系统理论看，学校社会工作关注多主体在教育工作中的重要性，社工通过微观层面的案主多系统介入与改变、宏观层面的资源整合与多系统连接等策略发挥整合作用（张燕婷，2015）；从社会空间视角看，学校社会工作以提供社会资本和专业服务等策略，实现角色的空间建构（尚静、张燕婷，2015）；从增权理论看，学校社会工作通过"主动增权"与"被动增权"相结合的策略，协助解决贫困学生的就业问题（朱盼玲，2017）；而从抗逆力视角看，学校社会工作可通过观察学生日常生活，建构个体抗逆力的外部支持和内在优势，激发学生的潜能和效能感（苗艳梅，2017）。

综上，嵌入理论是我国社会工作发展最有代表性的观点之一，为理解本土情境下专业社会工作发展提供了一个具有解释力的理论工具，但也因为暗含二分逻辑（张昱，2012）、忽视"行动"和"行动者"（何雪松，2019）、疏于研究专业社会工作与其所嵌入的社会服务领域之间的互动关系和宏观走向（王思斌，2020）而受到了一些质疑和挑战。学校社会工作的发展绕不开"嵌入"议题，但嵌入并非最终目的，实现社会工作与大德育工作的有机融合，创新学生工作体系，促进学生健康成长，才是学校社会工作的实践意义。因而，如何从宏观、中观和微观层面深入关注主体关系、实践旨趣和行动者策略，则是学校社会工作嵌合发展的切入口。

（二）视角转向：从嵌入到嵌合

嵌合是不同事物之间嵌入和互嵌后形成新的嵌合体，一般具有密切结合的结构和整体性的复合功能。"嵌合"含有"嵌入"之意，又超越了"嵌入"。嵌合理论试图淡化嵌入理论关于专业社会工作和行政社会工作的二分性，强调二者基于共同目标而进行互动、磨合与合作。在社会工作的语境下，嵌合理论与嵌入理论关系密切，二者都承认专业社会工作发展落入原有社会服务占主导地位的时空中。但嵌合理论将社会工作行动者置于重要位置，强调其能动性与建构性，有效弥补了嵌入理论忽视社会工作行动者的不足。此外，嵌合理论更为关注不同社会服务领域、各方行动者之间的关系与互动，有助于突破嵌入理论关于单一主体视角的限制。因而，嵌合共生（刘威，2018）是学校社会工作与原有学生工作体系的一种理想互动模式。

二　学校社会工作嵌合发展的演进逻辑

学校社会工作嵌合发展，是指以落实立德树人为根本任务，以促进学生健康成长为目标，推动学校社会工作者与学校党政管理人员、专职学生工作队伍、班主任、心理咨询老师等多元主体紧密聚合，通过双重聚焦与分工合作，实现功能整合，从而有效解决学生成长过程中的各种问题。围绕角色定位与专业服务边界、行动磨合与多元主体关系、专业赋能与自主空间拓展等维度，学校社会工作呈现出嵌合发展的演进逻辑。

（一）从模糊到清晰：角色定位与专业服务边界

嵌合之所以有必要，是因为嵌合的各方存在一定的差异性和互补性。在实践中，作为新生事物的学校社会工作在入场之初，往往面临角色定位模糊和专业服务边界不清的问题：一方面，校方存在"不清楚学校社工应该做什么"的困惑，有将社工"闲置"或"行政化"的倾向；另一方面，初入学校场域的社会工作者因缺乏工作方向，服务较为被动和碎片化。"前面的两年多，我的工作相对来说比较被动一点。为什么被动？其实还是一个角色定位的问题。学校支持力度很大，愿意给平台和机会让社会工作者来开展服务。但学校对社会工作的定位不够准确，很多工作都是靠社会工作者自己去摸索，然后跟学校沟通、磨合。刚开始，可能比较迷茫、被动，主要按照学校的要求做，或者说自己做的时候定位也不够准确，常常会以一个协助者的角色去开展工作。"（K 中学社工）

随着时间的推移，学校逐渐意识到社会工作服务与原有学生工作体系之间的区别与关联，更加强调学校社会工作与学生心理工作、团委工作之间的相互配合。同时，通过经验累积和能力提升，社会工作者在工作实践过程中积极重塑角色，自我定位越发明确，服务边界逐步清晰，专业服务变得更为聚焦、体系化和有区分度。随着服务平台不断拓展，社会工作者在学校工作体系中逐步从边缘趋向中心。"后面，我们渐渐地积累了一些工作经验，工作能力也提升了，然后慢慢转变角色，更多会以一个组织协调者、主导者的角色来开展工作。这样，服务效果会更明显，服务的平台也会更高更广些。"（K中学社工）

（二）从观望到协同：行动磨合与多元主体关系

嵌合发展要求多元主体在不断磨合中形成分工合作的关系，从而实现各方独立行动时无法达成的整合功能。在学校社会工作发展初期，由于原有学生工作部门并不了解学校社会工作，难免对社工持有怀疑和观望的态度，社会工作者与学校原有学生工作者之间的关系比较紧张，甚至常常被心理咨询老师认定为"抢饭碗"的角色（王佳，2013）。"刚进驻学校那会，大家基本上不太了解社工是做什么的，因为是政府推动驻校，我们的出现多少会让人觉得有点突然，有些学生工作口的老师可能会觉得，社工是不是要跟他们竞争什么东西。"（D市D职校社工）随着社工角色和专业服务边界的清晰化，学校社会工作与学生工作体系之间逐渐呈现出目标同一性和工作手段互补性，打破了以往横亘在它们之间的竞争假设，推进了学校社会工作者与党政管理人员、专职学生工作队伍、班主任、心理咨询老师等相关主体的融合与协同，逐步形成一种新型的多元主体关系。

在学生服务的策划、实施、评估和反馈等环节，学校社会工作者与其他行动主体均存在多方位的分工协作，在实践中产生"1+1＞2"的整合效果，从而有效补充和完善了既有的学生服务体系。在第二轮跟踪访谈中，受访社会工作者不约而同地使用"合作""非竞争""相辅相成""相互补充""分工不分家"等词句，来描述社会工作者与学校其他行动主体之间的关系。该校负责对接社会工作者的团委负责人也证实了这种情况："需要社工作为学校一支不一样的力量发挥作用，这种看法随着时间的推移越来越明显。"由于升学压力，教师和学生多以学业为重，面对日益复杂的学生心理健康问题，班主任和心理咨询老师有时分身乏术，而不少学生对老师心存敬畏，在寻求帮助时，更愿意选择社工作者。当然,社会工作者也需要与学校其他部门及时沟通合作与协同行动,才能提升服务的效果。

(三)从依附到自主:专业赋能与自主空间拓展

社会工作嵌合发展的一个重要表现,是情境性和创造性地发挥自身专业作用(王思斌,2020)。在掌握学生工作基本规律的基础上,学校社会工作者需要根据学校总体校情及其变化,预估学校社会工作的介入空间,进行符合情境的评估与服务设计,以创新思维和服务手段回应学校的需求。青少年偏差行为矫正是"两法"关注的重点问题,也是学校长期关注的重要领域。调研发现,D 市一所职校因逃课、抽烟、打架等行为违反校纪校规而受处分的学生数量,半年多就有 50 余名。传统学生工作采取重点监控、校纪处分、家校联动等方法,都难以取得良好的效果。在多维需求评估的基础上,两名驻校社会工作者设计青少年阳光成长辅导项目,推动成立专项辅导小组和构建整合支持体系,与学校德育处、班主任、家长、心理咨询老师及学生形成合力,项目实施效果良好,受到学校和家长的高度认可。在促进少数民族学生适应与融合方面,学校社会工作也发挥了积极的专业作用。在具体实践中,社会工作者逐渐探索出具有持续性和综融性的专业服务模式,在很大程度上突破了以往学生工作中因人力不足、服务碎片化、假期服务停滞等原因而造成的限制。

专业作用的发挥和服务效果的显现,为学校社会工作赋予了专业权能,专业自主性逐步提升。随着社会工作专业作用的日益凸显,学校社会工作得到的认可度和支持度不断提升,更多学校开始自主购买社会工作服务,学校逐步从服务使用方变为服务购买方。当前,D 市由学校自主购买的社工服务已经超过由市财政购买的数量。"自从学校社工进驻之后,我们就把后进生的工作交给社工来跟进。两年多下来,社工组织成立了校园志愿组织,协助学校开展了很多活动,取得了非常好的成效。所以,我们在政府购买两个社工岗位的基础上,又自己出资购买了两个社工岗位,安排在南校区。"(S 职校副校长)这种认可和支持,在实践中会转化为学校社会工作者的专业自主空间，使他们走出早期因缺乏专业话语权而面对的依附性境遇。专业作用发挥良好的社会工作者，基本可以自主开展服务，在确定服务内容、服务方式等方面具有相当大的专业自主权。"在开展服务方面，我们是有相当大的话语权的，也有很高的主导性。比如说，前段时间的家访活动，都是社工去安排和协调，然后班主任配合我们，跟我们一起去。"（K 中学社工）

三 学校社会工作嵌合发展的实践策略

学校社会工作嵌合发展是相关主体多维协同的行动过程。由于社会工作理念主要移植于西方，学校社会工作在合理借鉴吸收西方知识体系的基础上，必须立足中国国情和实践情境，通过交融、渗透等方式与传统学生工作实现理念整合，从而使思想政治教育更充满人文关怀，更注重差异性，更能激发学生优势和潜能，这是学校社会工作嵌合发展的价值基础。在理论嵌合的基础上，学校社会工作通过环境体察与"在组织中工作"、"在做中学"与整合服务能力提升、保持文化敏感性与社会工作本土化等行动，在专业实践层面实现组织嵌合、情境嵌合与知识嵌合，这正是学校社会工作嵌合发展的实践策略。

（一）组织嵌合：环境体察与"在组织中工作"

学校社会工作发展的组织嵌合，是"在组织中工作"的磨合过程。作为一个集体单位，学校强调环境的安全稳定，注重风险控制，社会工作者需要在学校环境体察基础上，熟悉组织的运作特征，在服务计划和实践中做出积极回应，这有助于建立良好的信任关系，并关乎学校对社会工作的接纳和认可，直接影响学校社会工作服务的开展。"学校非常重视学生安全和各项工作的正常运行。不管是做计划还是做服务，社工都要考虑得尽量周全。在沟通时，单提一个服务方案不行，要把可能出现的风险和风险出现后的预警机制及应对方案都讲出来，这是非常关键的。"（G 中学社工）调研结果显示，不管是社会工作者还是学校，在

"社工应具备哪些能力"这一问题上，选择沟通能力的人数占比最高。作为专业实践的主要场域，学校对社会工作服务具有基本知情权，社会工作者应该定期或不定期以口头、纸质材料或网络交流方式与学校沟通，让学校掌握社会工作的服务内容、方法以及作用，同时获取服务开展所需的资源。这并不代表社工要一味迎合组织或沉浸于"零敲碎打"式的修补工作中，而是要在融入组织的基础上致力于推动学生工作体系的变革，从而推动学校教育理念和方法的改进。

在组织中工作，社会工作应当警惕"行政化"带来的危害，辩证看待和处理"行政化"议题。尽管学校社会工作的"行政化"现象依然存在，但不再像最初那样对社会工作者的工作形成挑战。这种转变，得益于学校对社会工作越来越了解和认可，也得益于社会工作者对于组织环境的体察和关系处理。部分受访社会工作者认为，"行政化"是一把"双刃剑"，既会挤占社工的时间、精力和服务空间，也可能为专业服务的开展提供资源。在可接受的范围内，社会工作者并不排斥组织中的行政工作，反而可借助行政工作实现专业资源的积累。"我觉得刚开始进来的时候，大家都会讲社工行政化的问题。我个人认为这是避免不了的，只是看程度到底有多深多重，它是一把双刃剑。……社工在从事一些所谓行政工作的过程中，跟各个部门建立起沟通关系，我们开展活动需要物资和人力时，都可以得到很大的支持，一般不会被拒绝。"（K中学社工）因而，"专业化"与"行政化"并不总是泾渭分明，现实中存在模糊的重叠地带，社会工作者可以尝试将社会工作的理念和方法融入其中，从一些行政工作中挖掘出潜藏的专业空间，将这部分模糊地带转化为专业资源。

（二）情境嵌合："在做中学"与整合服务能力提升

学校社会工作发展的情境嵌合，是基于"在做中学"的整合服务能力提升过程。杜威提出的"在做中学"（learning by doing）的教育思想，意指人们若要获得真知，必须从运用、尝试、改造等实践情境中获取。通过在校期间的专业理论学习和实践学习，学校社会工作者掌握了学科基础知识和实务方法，但仍难以满足工作岗位对理论和技能的要求。这样，学校社会工作者在提供专业服务的同时，需要通过"在做中学"，在实践中反复检验学科知识，实现"学以致用"。学校社会工作者"在做中学"的方式主要有三种。一是系统化的实务培训与"共学"交流。政府、社会工作协会和社会工作机构通过组织社会工作的通识教育和学校社会工作的专项培训，鼓励社工到先进地区实践学习，逐步提高培训的系统性和针对性；学校邀请资深社会工作者、有影响力的学者进校，以讲座、工作坊、研讨会等形式分享经验，为学校社会工作者提供专业交流和情绪支持的空间。二是制度化的专业督导。例如，D市聘请资深的香港社会工作者和本土高校教师，督导年轻的学校社会工作者，形成师徒式的"传帮带"，传授实用的理论、技巧和经验。"我觉得现在的督导做得很好，教了我很多。他们是我们很尊重的导师。碰到个案是怎么处理的？所涉及不同的理论和技巧有哪些？流程如何？让团队中每个人都去找相关资料，最后整合成一个资源包。这个资源包可以共享，如果遇到类似案例，即使你之前没遇到过，但有了那个资源包，就有了指引和参考，你做完后还可以继续补充，这样就会越来越完善。"（L小学社工）同时，通过同辈督导的制度化推进，选拔专业素质高的一线社会工作者晋升为不同级别的督导，对相关领域社会工作者进行定期的个别或团队督导，从而满足学校社会工作者的部分个性化需求。三是社会工作者自我学习与反思。在参加培训和督导之外，社会工作者需要进行个人专业服务反思和总结，阅读相关的理论和实务书籍，扩充知识面，形成良好的学习自驱力。"我自己在工作方面最大的一个特点，是在面临某个问题的时候，我会先去网上，比如上知网查文献，看看别人怎么说的，怎么做的。"（D机构学校社会工作领域见习督导）

随着社会工作理论与实务的发展，社会工作方法的整合与协同变得越来越重要。学校社会工作者需视学生具体问题与需要，整合运用个案工作、小组工作和社区工作三大方法。首先，社会工作者运用个案工作方法，优先对出现问题或处境不利的学生提供个案服务，以促进问题的缓解和困境的改善；其次，社会工作者运用小组工作方法，为学生提供一个类社会环境，更有效地处理共性问题，提升其社会功能；最后，社会工作者运用社区工作方法，改善学生所处的学校、社区、社会等环境，促进其正向功能的发挥。在校内，随着对学校组织特征和运作情况的熟悉，社会工作者在与各部门的互动中建立信任关系，链接并整合学校内部资源。"学校德育部门的资源其实比较少，因为它与其他部门接触得不多。社工因为开展服务经常需要协调很多部门，反倒可以接触到其他部门。在这个过程中，就对学校的资源了解得比较清楚，然后在服务中就可以很好地整合这些资源。"（G 中学社工）在校外，社会工作者依托政府、社工机构、企业等组织所提供的公益平台，积极链接物资、志愿服务、场地等各种资源，拓展与群团组织和社会组织的合作，从学生所处的微观系统和中层系统、外部系统和宏观系统等层面，构建学校社区青少年服务网络，来回应学生成长中的问题和需求，使服务更具整合性和系统性（张燕婷，2015）。

（三）知识嵌合：保持文化敏感性与社会工作本土化

学校社会工作发展的知识嵌合，是基于保持文化敏感性的社会工作本土化的过程。作为一种舶来品，专业社会工作是在西方文化和制度背景下产生和发展起来的，因建基于人类共同创造的哲学社会科学的理论和知识体系，其方法和规程具有一定的可借鉴性（史柏年，2012）。但社会工作理论和模式在应用于其他国家尤其是发展中国家时，也存在适切性问题，这就是在社会工作理论和实务领域备受关注的本土化议题。因此，在推动社会工作本土化的过程中，尤其要保持文化敏感性，使社会工作实践与当地文化相结合。对于学校社会工作而言，保持文化敏感性要求社会工作者以开放的心态了解学生群体的文化特征，尤其是不同年龄段学生的亚文化特征，这有助于与学生建立信任的专业关系，同时也提醒社会工作者不能将自身的文化价值和行为观念强加于学生身上，避免形成文化压迫。"最近学生流行说什么、做什么，我们都要留意和学习，不然当他们讲话时，其他学生心领神会，你一言我一语地聊，社工却很蒙，这就会有一种距离感。做青少年社会工作，就要掌握青少年的文化和喜好。督导给我们举过一个例子，一个有偏差行为的学生一直排斥社工介入，社工了解到他很喜欢滑板后就自己去学，后来就用滑板作为突破口，与学生建立了专业关系。"（N 小学社工）

中国社会是一个讲人情和关系的社会，强调远近不同、亲疏有别，费孝通的"差序格局"正是对这一文化的典型概括。社会工作者要基于文化敏感性，在实践中修正源于西方文化的专业伦理，让关系边界不至于太过刻板，让工作与生活的界限更富有弹性，这有助于社工融入环境，从而更好地与其他主体形成分工合作关系。"我在工作之外，还会在生活中跟老师或校领导接触，这与以前的社工区别很大。我举个例子，就在我来之前，比如说社工和老师们去打篮球，打完之后大家就会一起去吃个饭，老师们叫当时的社工去，社工是拒绝的，因为他觉得在服务方面是一种忌讳吧。后面我来了之后，打完球后我会跟老师们一起吃饭，我觉得很正常。老师们会提起这个问题，说我跟之前的社工不一样。因为每个环境都会有它的一些特点，其实这个就是我们跟西方的很大区别。"（K 中学社工）社会工作者要基于文化敏感性，兼收并蓄，融合不同文化的优秀成果，进而更新改造，创建具有本土文化特征的知识体系，从而推动社会工作的本土化进程，使产生于外部的社会工作理论和实务模式同中国社会需要和经济、政治、文化体系相适应（何雪松、杨超，2019）。

四　结论与展望

与我国社会工作的整体发展模式相似，学校社会工作呈现出嵌入性发展特征。随着学校教育体制改革的深入和专业实践的持续推进，一些先发地区的学校社会工作逐渐从发展初期的依附性强、互动性弱、角色边缘化等单向植入状态，呈现出自主性提升、有效互动增多、角色核心化等双向融合的嵌合发展趋势。学校社会工作发展从嵌入到嵌合的实践转向，需要我们从理论上重新审视学校社会工作的发展规律。虽然嵌合理论与嵌入理论都承认专业社会工作的发展落入原有社会服务占主导地位的时空中，但嵌合理论更为强调专业社会工作与原有社会服务的融合性、行动者的能动性和多元主体关系，因而实现了对嵌入理论的延伸与超越。以嵌合理论为基础，从本土实践出发，考察学校社会工作嵌合发展的演进逻辑，探寻学校社会工作嵌合发展的实践策略，是嵌合理论在学校社会工作领域的应用、检视与拓展，可以为创新新时代学校育人工作机制，推动学校社会工作由嵌入发展迈向嵌合发展提供理论支撑和实践经验借鉴，同时有助于理解我国社会工作发展模式的转向。

　　本书不仅是对社会工作嵌合发展的探索，也是对社会工作者实践的认知与理解。专业社会工作的本土化过程，是成千上万名来自全国各高校社会工作专业毕业生投身社会工作田野的过程，也是他们自主的人生选择与主动实践的探索过程，他们的人生境遇、职业历程与我国社会工作的职业化、制度化发展互为条件、相伴同行。从能动的社会工作实践者立场看，社会工作者突出以社区为单位的个体团结、强化"情境性"的闭环介入模式，在提供专业服务的过程中取得了学校、学生和社会的多重"承认"（文军、卢素文，2022），是学校社会工作嵌合发展的重要见证者和行动者。他们在专业实践中会对学校社会工作与"大德育"框架下的学生工作体系的关系及互动做出判断，有意识地调整、拓展自我行动，采取符合实践情境的行动策略。学校社会工作的多维嵌合发展过程，也是社会工作实践知识的探索过程。因此，社会工作研究需要朝向本土实践者。

参考文献

Allen-Meares，Paula，2015，《学校社会工作》，陈蓓丽、蔡屹、曹锐等译，华东理工大学出版社。

C. 赖特·米尔斯，2005，《社会学的想象力》，陈强、张永强译，生活·读书·新知三联书店。

Duane Schultz、Sydney Ellen Schultz，1997，《人格理论》，陈正文、李璨如等译，扬智文化事业股份有限公司。

Jerome Bruner，2018，《教育的文化：从文化心理学的观点谈教育的本质》，宋文里译，（台湾）远流出版事业股份有限公司。

Mills，C. W.，2005，《社会学的想象力》（第 2 版），张永强译，生活·读书·新知三联书店。

Nigel Parton、Patrick O' Byrne，2013，《建构性社会工作：迈向一个新的实践》，梁昆译，华东理工大学出版社。

Paula Allen-Meares，2008，《学校社会工作》，陈蓓丽、蔡屹等译，华东理工大学出版社。

Robert E. Slavin，2016，《教育心理学：理论与实践》（第 10 版），吕红梅等译，人民邮电出版社。

Schultz，D. P.、Schultz，S.E.，2014，《现代心理学史》（第 10 版），叶浩生、杨文登译，中国轻工业出版社。

Wayne Weiten，2016，《心理学导论》，高定国等译，机械工业出版社。

阿尔弗雷德·阿德勒，2016，《自卑与超越》，曹晚红译，中国友谊出版公司。

埃里克·H.埃里克森,1998,《同一性:青少年与危机》,孙名之译,浙江教育出版社。

埃米尔·涂尔干,2000,《社会分工论》,渠东译,生活·读书·新知三联书店。

奥古斯特·孔德,1996,《论实证精神》,黄建华译,商务印书馆。

白倩如、李仰慈、曾华源,2018,《复原力任务中心社会工作:理论与技术》,华东理工大学出版社。

保虎,2018,《从"巢空"到"心实":新时代我国"空巢青年"问题再探讨》,《中国青年研究》第4期。

彼得·伯格、汤姆斯·卢克曼,1991,《知识社会学:社会实体的建构》,邹理民译,(台北)巨流图书公司。

布迪厄,1992,《文化再制与社会再制》,张辅军译,载厉以贤主编《西方教育社会学文选》,(台湾)五南图书出版公司。

布迪厄,1997,《文化资本与炼金术》,包亚明译,上海人民出版社。

蔡屹,2006,《浦东新区学校社会工作本土化发展历程及经验反思》,《华东理工大学学报》(社会科学版)第2期。

曾华源,2012,《社会工作任务中心取向》,载宋丽玉、曾华源、施教裕、郑丽珍编《社会工作理论:处遇模式与案例分析》,(台湾)洪叶出版社。

常进锋,2017,《"空巢青年"缘何"空巢"——一个时空社会学的解读》,《中国青年研究》第5期。

陈成文、何蛟龙、周静雅,2015,《社会工作的理论范式、研究视角及其在实践中的应用》,《社会工作》第5期。

陈成文、孙嘉悦,2011,《论社会工作的功能:一个结构功能主义的分析视角》,《湖南师范大学社会科学学报》第2期。

陈静、叶丽凤,2002,《系统理论下的高等院校学校社会工作架构》,《上海大学学报》(社会科学版)第6期。

陈良瑾主编,1994,《中国社会工作百科全书》,中国社会出版社。

陈树强，2003，《赋权：社会工作理论与实践的新视角》，《社会学研究》第 5 期。

陈涛，2020，《社会工作学科研究：中国特色社会工作体系建设的有力支撑》，《中国社会工作》第 2 期。

陈涛、王小兰，2017，《论社会工作理论的知识论基础》，《华东理工大学学报》（社会科学版）第 6 期。

陈涛、杨锡聪、陈锋，2018，《发展性社会工作的本土化理论及实践》，《新视野》第 4 期。

陈伟杰，2016，《层级嵌入与社会工作的专业性——以 A 市妇联专业社会工作服务试点为例》，《妇女研究论丛》第 5 期。

陈雯，2017，《亲职抚育困境：二孩国策下的青年脆弱性与社会支持重构》，《中国青年研究》第 10 期。

陈向明，1997，《社会研究方法教程》，北京大学出版社。

陈向明，2000，《质的研究方法与社会科学研究》，教育科学出版社。

陈小杏，2018，《"空巢青年"：中国社会个体化的映像与进路》，硕士学位论文，哈尔滨工业大学。

成洪波，2014，《社会工作介入高校思想政治教育创新：契合性、意义及其路径》，《思想教育研究》第 11 期。

程晋宽，2011，《信息社会英国、美国、加拿大学校社会工作的比较》，《外国中小学教育》第 10 期。

程毅，2010，《嵌入、建构、增能：学校社会工作视角下高校学生工作的功能拓展》，《中国青年研究》第 2 期。

戴维·波普诺，1999，《社会学》（第十版），李强等译，中国人民大学出版社。

戴香智、王宝鹏，2009，《社会工作研究范式的新视阈》，《求索》第 5 期。

迪尔凯姆，1995，《社会学方法的准则》，狄玉明译，商务印书馆。

迪尔凯姆，1999，《社会学方法的规则》，胡伟译，华夏出版社。

豆小红，2018，《"空巢青年"社会心理问题与应对》，《中国青年研究》第 2 期。

杜威，2017，《我的教育信条：杜威论教育》，彭正梅译，上海人民出版社。

范明林，2005，《社会工作方法与实践》，上海大学出版社。

范明林、徐迎春，2007，《中国社会政策和社会工作研究本土化和专业
　　化》，《社会》第 2 期。

范明林、张洁，2005，《学校社会工作》，上海大学出版社。

方劲，2011，《嵌入式发展：学校社会工作在高校的发展路径探索》，
　　《华东理工大学学报》（社会科学版）第 4 期。

方林红，2012，《标签理论视野下的学校社会工作优化策略——以高职
　　院校为例的探析》，《四川民族学院学报》第 6 期。

斐迪南·滕尼斯，2006，《新时代的精神》，林荣远译，北京大学出版社。

弗洛姆，1986，《弗洛伊德的使命》，尚新建译，生活·读书·新知三联
　　书店。

付聪，2020，《PYD 理论在学校社会工作领域的应用初探》，《中国社会
　　工作》第 22 期。

高潮、彭丽媛，2016，《学校社会工作嵌入高校学生工作治理的可行性
　　与现实路径》，《学校党建与思想教育》第 18 期。

高觉敷，1982，《西方近代心理学史》，人民教育出版社。

古学斌，2013，《行动研究与社会工作的介入》，《中国社会工作研究》
　　（第十辑），社会科学文献出版社。

古学斌，2017，《道德的重量：论行动研究与社会工作实践》，《中国农
　　业大学学报》（社会科学版）第 3 期。

管向梅，2004，《香港学校社会工作制度及其启示》，《社会》第 4 期。

郭伟和，2009，《杜威哲学教育思想对社会工作专业教育的影响》，《中
　　国社会工作研究》第 1 期。

郭伟和，2020，《杜威哲学教育思想对社会工作专业教育的影响》，载王
　　思斌主编《中国社会工作研究》（第 18 辑），社会科学文献出版社。

郭忠华，2020，《社会科学知识坐标中的“本土化”问题》，《开放时代》
　　第 5 期。

哈耶克，2012，《科学的反革命：理性滥用之研究》，译林出版社。

汉斯·格奥尔格·伽达默尔，2010，《真理与方法》，洪汉鼎译，商务印书馆。

何江军、张庆林，2006，《校园暴力行为探析》，《社会心理科学》第 1 期。

何雪松，2007，《社会工作理论》，格致出版社、上海人民出版社。

何雪松，2009，《重构社会工作的知识框架：本土思想资源的可能贡献》，《社会科学》第 7 期。

何雪松，2019，《改革开放 40 年与中国社会工作的发展——"结构—行动"的视角》，《西北师大学报》(社会科学版) 第 2 期。

何雪松、杨超，2019，《中国社会工作的本土化：政治、文化与实践》，《济南大学学报》(社会科学版) 第 1 期。

洪佩、王杰，2016，《学校社会工作的入场困境与实践策略——基于布迪厄场域理论的分析》，《社会工作与管理》第 6 期。

侯童、玉禾，2011，《优势视角的学校社会工作辅导策略探析》，《首都师范大学学报》(社会科学版) 第 2 期。

胡全柱，2008，《困境与转向：社会学理论的当代考察》，《人文杂志》第 5 期。

胡雪龙，2017，《寒门家庭参与学校文化的状况——伯恩斯坦学校参与理论的应用研究》，《高教探索》第 11 期。

胡中宜，2011，《台湾学校社会工作场域的回顾与反思》，《社会科学学报》第 18 期。

宦丁蕾、风笑天，2021，《"空巢青年"：城市青年独居行为的影响因素研究》，《广东青年研究》第 1 期。

黄步军、李彬，2006，《学生社区：概念、特征、类型及其构建》，《南京工业大学学报》(社会科学版) 第 4 期。

黄翠萍，2007，《大学生心理健康问题研究——兼论学校社会工作辅导的介入》，《社会工作》第 3 期。

黄鸿文，2003，《国民中学学生文化之民族志研究》，(台湾) 学富文化发行。

黄鸿文，2011，《抗拒乎？拒绝乎？偏差乎？学生文化研究中抗拒概念之误用与澄清》，《教育研究集刊》第 3 期。

黄希庭，2002，《人格心理学》，浙江教育出版社。

黄辛隐，2006，《日本学校社会工作现状及发展探析》，《苏州大学学报》（哲学社会科学版）第 4 期。

黄韵如，2006，《台湾中辍高风险学生社会工作干预之研究》，博士学位论文，国立暨南国际大学。

贾春增，2005，《外国社会学史》，中国人民大学出版社。

姜峰、易钢、李传玲，2008，《学校社会工作介入大学生心理健康教育的模式探讨》，《河南社会科学》第 4 期。

姜兆萍，2015，《奥尔波特心理健康思想解析》，浙江教育出版社。

蒋建军，2012，《社会管理视野中的高校学生社区建设》，《高等教育研究》第 3 期。

卡伦·霍妮，2010，《我们时代的神经症人格》，屈建伟译，台海出版社。

科拉科夫斯基，2011，《理性的异化——实证主义思想史》，黑龙江大学出版社。

孔德，2014，《论实证精神》，译林出版社。

库少雄，2002，《社会工作实务》，社会科学文献出版社。

李炳全、叶浩生，2005，《主流心理学的困境与文化心理学的兴起——文化心理学能否成为心理学的新主流》，《国外社会科学》第 1 期。

李均，2018，《论实证主义范式及其对教育学的意义》，《教育研究》第 7 期。

李林凤，2007，《论社会工作者的族群文化敏感性——多元文化背景下社会工作本土化的一种探索》，《贵州师范大学学报》（社会科学版）第 1 期。

李晓凤，2008，《社会工作：原理、方法、实务》，武汉大学出版社。

李晓凤，2010，《学校社会工作》，中国社会出版社。

李晓凤、林佳鹏、张姣，2019，《嵌入、建构、自主：学校社会工作本土路径探究——基于深圳的十年发展历程》，《社会工作》第 2 期。

李瑶，2012，《从生态系统理论视角分析环境对于青少年的影响》，《湘潮》第 6 期。

李迎生，2004，《社会工作概论》，中国人民大学出版社。

李迎生，2008，《构建本土化的社会工作理论及其路径》，《社会科学》
第 5 期。

林崇德，2018，《发展心理学》（第三版），人民教育出版社。

林南、俞弘强，2003，《社会网络与地位获得》，《马克思主义与现实》
第 2 期。

林胜义，1994，《学校社会工作》，（台湾）巨流图书公司。

刘斌志，2010，《论特殊教育中社会工作支持服务的拓展》，《中国特殊
教育》第 6 期。

刘斌志、林佳，2020，《21 世纪中国特色学校社会工作研究：本土反思
与趋势展望》，《青少年研究与实践》第 3 期。

刘慧涵，2010，《北京打工子弟学校的困境及学校社会工作的介入——
以北京石景山 HA 打工子弟小学为例》，《社会工作》（下半月）第
9 期。

刘江，2015，《社会工作服务评估：一个整合的评估模型》，《社会工作
与管理》第 3 期。

刘江，2018，《效果导向的项目管理指标体系研究——基于 128 个残疾
人服务项目评估结果的量化分析》，《社会建设》第 5 期。

刘江、张闻达，2020，《社会工作评估研究的四种进路——基于我国中
文研究文献的系统评价》，《华东理工大学学报》（社会科学版）第
4 期。

刘美慧，2016，《文化回应教学》，载刘美慧、游美惠、李淑菁编著《多
元文化育》，高等教育出版社。

刘少杰，2006，《国外社会学理论》，高等教育出版社。

刘威，2018，《从分立实践到嵌合共生——中国社会工作与公益慈善的
理想关系模式建构》，《学习与探索》第 11 期。

刘新庚、刘韧，2014，《论大学文化视阈下的思想政治教育》，《湖南科
技大学学报》（社会科学版）第 2 期。

刘振、徐选国，2020，《从专业性、社会性迈向学科自主性——新时代我国社会工作学科建设的内在逻辑与发展转向》，《学习与实践》第1期。

刘志红，2006，《学校社会工作的本土化研究》，《社会工作》第12期。

刘祖云，2007，《发展社会学》，高等教育出版社。

鲁可荣、杨亮承，2010，《大学生自杀预防干预机制缺陷与学校社会工作介入》，《社会工作》（下半月）第5期。

鲁艳桦，2011，《美国学校社会工作发展及其启示》，《教学与管理》第12期。

逯改，2021，《城市化视域下"空巢青年"的归因分析与理性审视》，《当代青年研究》第4期。

栾晓，2017，《政府购买社会工作项目评估研究》，《长沙民政职业技术学院学报》第3期。

罗观翠，2020，《打破学校社会工作与教育的鸿沟》，《中国社会工作》第34期。

罗素，1997，《西方哲学史》，何兆武、李约瑟译，商务印书馆。

马崇坤，2011，《新时期大学生犯罪的特点、原因及预防》，《产业与科技论坛》第10期。

马尔科姆·S.佩恩，1995，《当代社会工作理论：批判的导论》，周玫琪、叶秀珊译，（台北）五南图书出版公司。

马尔库塞，1988，《单面人》，湖南人民出版社。

马凤芝，2014，《流浪青年的发展性社会工作介入策略——以社会企业介入模型为例》，《中国青年研究》第3期。

马凤芝，2014，《社会发展视野下的社会工作》，《广东社会科学》第1期。

马斯洛，2007，《动机与人格》，马良诚译，陕西师范大学出版社。

马向真，2004，《社会标签理论对学生"问题行为"的解读与启示》，《西北师大学报》（社会科学版）第6期。

玛格丽特·波洛玛，1989，《当代社会学理论》，孙立平译，华夏出版社。

玛格丽特·米德，1987，《文化与承诺：一项有关代沟问题的研究》，周晓虹、周怡译，河北人民出版社。

米歇尔·福柯，2016，《词与物——人文科学的考古学》，莫伟民译，生活·读书·新知三联书店。

苗艳梅，2017，《抗逆力视角下学校社会工作实践研究——以武汉市某职业中学服务项目为例》，《中国青年社会科学》第 5 期。

帕森斯，2003，《社会行动的结构》，张明德译，译林出版社。

潘泽泉，2014，《社会工作本土化：社会工作本土知识建构如何可能》，《社会工作与管理》第 1 期。

裴小茹，2012，《学校社会工作介入外来务工人员子女抗逆力养成——以上海市 MH 区 X 学校为例》，《社会工作》第 11 期。

彭善民，2017，《犯罪预防与联校社会工作发展》，《学海》第 1 期。

齐格蒙特·鲍曼，2002，《个体化社会》，范祥涛译，上海三联书店。

全国 13 所高等院校《社会心理学》编写组，2016，《社会心理学》(第五版)，南开大学出版社。

全国社会工作者职业水平考试教材编写组编写，2007，《社会工作实务(中级)》，中国社会出版社。

任晓秋、周纯义，2011，《社会工作介入社区"四点半学校"初探》，《现代教育科学》第 10 期。

尚静、张燕婷，2015，《学校社会工作社会空间的建构》，《东莞理工学院学报》第 2 期。

深圳市现代公益组织研究与评估中心，2014，《社会工作进校园促进党建项目评估报告》。

沈炜，2012，《论学校社会工作嵌入我国高校学生工作的体系构建》，《华东理工大学学报》(社会科学版) 第 6 期。

沈原，2006，《"强干预"与"弱干预"：社会学干预方法的两条途径》，《社会学研究》第 5 期。

施旦旦，2017，《社会工作知识生产、扩散以及本土化回应》，《华东理工大学学报》(社会科学版) 第 3 期。

石艳、田张霞，2008，《作为社会空间的学校：基于西方空间社会学研究的新进展》,《外国教育研究》第 7 期。

史柏年，2012，《学校社会工作：从项目试点到制度建设——以四川希望学校社会工作实践为例》,《学海》第 1 期。

史铁尔、王松，2012，《灾害社会工作中的社会资本重构路径分析——以 5·12 四川地震灾区为例》,《广东工业大学学报》(社会科学版)第 5 期。

斯蒂文·贝斯特、道格拉斯·凯尔纳，1999，《后现代理论：批判性的质疑》，中央编译出版社。

宋丽玉、曾华源、施教裕、郑丽珍，2003，《社会工作理论——处遇模式与案例分析》,(台湾)洪业文化事业有限公司。

孙凌寒、朱静，2005，《校园暴力与学校社会工作》,《河北青年管理干部学院学报》第 4 期。

孙跃，2009，《我国高等院校学校社会工作介入模式研究》，博士学位论文，南开大学。

唐亚林，2020，《中国知识体系自主性的构建之道》,《探索与争鸣》第 9 期。

田国秀、侯童，2012，《优势取向的学校社会工作辅导路径探析——对学习困境中学生实务介入的个案研究》,《中国青年政治学院学报》第 1 期。

托马斯·库恩，2003，《科学革命的结构》，金吾伦、胡新和译，北京大学出版社。

万晓东、储瑶，2007，《当代大学生犯罪的成因及对策》,《中国成人教育》第 10 期。

汪鸿波、费梅苹，2019，《乡村振兴背景下农村社会工作的实践反思及分层互嵌》,《甘肃社会科学》第 1 期。

王超、马迎华，2005，《校园暴力干预措施的研究进展》,《中国学校卫生》第 11 期。

王国羽等，2012，《障碍研究：理论与政策应用》,(台湾)巨流图书公司。

王佳，2013，《学校社会工作本土化实践与专业反思——以深圳市 Y 区为例》，《社会工作》第 4 期。

王佳，2013，《学校社会工作本土化实践与专业反思——以深圳市 Y 区为例》，《社会工作》第 4 期。

王前瑞、苏果云，2017，《抗逆力教育在学校社会工作中的应用探究》，《西部素质教育》第 24 期。

王思斌，1998，《社会工作导论》，北京大学出版社。

王思斌，2001，《试论我国社会工作的本土化》，《浙江学刊》第 2 期。

王思斌，2011，《中国社会工作的嵌入性发展》，《社会科学战线》第 2 期。

王思斌，2012，《社会工作实践权的获得与发展——以地震救灾学校社会工作的展开为例》，《学海》第 1 期。

王思斌，2018，《积极促进我国学校社会工作的发展》，《中国社会工作》第 28 期。

王思斌，2019，《中国特色社会工作体系建设的内容、特点与原则》，《中国社会工作》第 13 期。

王思斌，2020a，《社会工作参与公共危机事件治理中专业功能的嵌合性实现——以新冠肺炎疫情防控治理为基础》，《社会工作与管理》第 6 期。

王思斌，2020b，《我国社会工作从嵌入性发展到融合性发展之分析》，《北京工业大学学报》(社会科学版) 第 3 期。

韦伯，2010，《社会学基本概念》，北京出版社。

韦恩·韦登，2017，《心理学导论》，高定国等译，机械工业出版社。

魏爽，2007，《高校学校社会工作介入空间略论》，《中国青年研究》第 5 期。

文军，2003，《学校社会工作论略》，《社会》第 1 期。

文军，2004，《论社会科学研究的三大传统及其张力》，《社会学研究》第 5 期。

文军，2018，《社会工作干预研究》，《社会工作与管理》第 5 期。

文军、卢素文，2022，《从制度性嵌入到公共性培育：学校社会工作介入情境的转向》，《学海》第 4 期。

乌尔里希·贝克，2004，《风险社会》，何博文译，译林出版社。

吴安新、张磊，2011，《大学生犯罪污名的认知与防控》，《犯罪研究》第 6 期。

吴帆、郭申阳、马克·弗雷泽，2016，《社会工作服务介入儿童行为发展效果评估的实证研究》，《社会建设》第 6 期。

吴凯铭，2011，《上海学校社会工作实施模式研究——合作伙伴关系视角》，硕士学位论文，复旦大学。

吴伟东，2004，《社会工作评估：层次深入模型》，《社会》第 10 期。

习近平，2016，《在知识分子、劳动模范、青年代表座谈会上的讲话》，《人民日报》4 月 30 日，第 1 版。

习近平，2020，《在经济社会领域专家座谈会上的讲话》，《人民日报》8 月 25 日，第 2 版。

习近平，2022，《高举中国特色社会主义伟大旗帜为全面建设社会主义现代化国家而团结奋斗》，人民出版社。

习近平，2022，《在庆祝中国共产主义青年团成立 100 周年大会上的讲话》，人民出版社。

夏玉荣、余吉生，2005，《论转型时期高校校园暴力类型、特征及控制》，《长春理工大学学报》（社会科学版）第 4 期。

肖乐，1989，《美国的学校社会工作》，《青年探索》第 6 期。

谢钢、刘娜，2010，《大学新生适应问题的研究——从学校社会工作的视角》，《内蒙古师范大学学报》（教育科学版）第 11 期。

谢立中，2007，《西方社会学名著提要》，江西人民出版社。

徐其龙、陈涛，2020，《发展性社会工作视角下社区服务、社区营造和社区发展的整合研究》，《华东理工大学学报》（社会科学版）第 3 期。

徐永祥，2008，《社会的再组织化：现阶段社会管理与社会服务的重要课题》，《教学与研究》第 1 期。

徐勇，2019，《学术创新的基点：概念的解构与建构》，《文史哲》第 1 期。

徐震、林万亿，1990，《当代社会工作》，（台湾）五南图书出版公司。

许莉娅，2009，《学校社会工作》，高等教育出版社。

许莉娅，2012，《专业社会工作在学校现有学生工作体制内的嵌入》，《学海》第 1 期。

许娓、王思斌、罗观翠、彭振、左家友、任海卫，2021，《发展学校社会工作，服务价值、体制模式优劣在哪里？（上）》，《中国社会工作》第 7 期。

阎云翔，2016，《中国社会的个体化》，陆洋等译，上海译文出版社。

杨君，2014，《社会工作核心价值观再建构及反思》，《内蒙古社会科学》（汉文版）第 2 期。

杨君、徐选国，2014，《社会工作、社会承认与生活世界的重构》，《学习与实践》第 2 期。

杨善华、谢立中，2005，《西方社会学理论》，北京大学出版社。

杨锃，2015，《残障者的制度与生活：从"个人模式"到"普同模式"》，《社会》第 6 期。

杨锃、郑宏，2018，《社会服务评估研究——以基于复元理念的精神康复服务参与式评估为例》，《华东理工大学学报》（社会科学版）第 4 期。

姚本先，2018，《心理学》（第 3 版），高等教育出版社。

姚建龙，2008，《校园暴力：一个概念的界定》，《中国青年政治学院学报》第 4 期。

姚建龙，2010，《校园暴力控制研究》，复旦大学出版社。

姚进忠，2010，《农民工子女社会适应的社会工作介入探讨——基于生态系统理论的分析》，《北京科技大学学报》（社会科学版）第 1 期。

伊敏，2014，《"本土化"学校社会工作的探索——基于青海 L 学校社工站的实践》，《青海师范大学学报》（哲学社会科学版）第 1 期。

易钢、蔡若佳、曾雅丽，2015，《学校社会工作嵌入：高校辅导员功能拓展与角色重塑》，《社会工作与管理》第 1 期。

易钢、肖小霞，2007，《学校社会工作与学生思想政治工作创新》，《高教探索》第 6 期。

殷杰，2017，《当代社会科学哲学：理论建构与多元维度》，北京师范大学出版社。

殷妙仲，2011，《专业、科学、本土化：中国社会工作十年的三个迷思》，《社会科学》第 1 期。

尹阿雳、赵环、徐选国，2016，《双向嵌入：理解中国社会工作发展路径的新视角》，《社会工作》第 3 期。

袁方，1997，《社会研究方法教程》，北京大学出版社。

约翰·杜威，2014，《民主主义与教育》，陶志琼译，中国轻工业出版社。

张大鹏，2013，《浅析学校社会工作在师生关系重构中的应用》，《科技信息》第 17 期。

张大维、郑永君，2015，《软性嵌入：学校社会工作介入德育教育的行动策略——基于武汉两所学校的社会工作介入实验》，《中州学刊》第 7 期。

张广济、计亚萍，2013，《社会空间的理论谱系与当代价值》，《东北师大学报》（哲学社会科学版）第 3 期。

张和清，2001，《社会工作研究中方法论、范式和研究方法的选择问题——以金碧社区的研究为例》，《思想战线》第 3 期。

张和清、杨锡聪、古学斌，2008，《优势视角下的农村社会工作——以能力建设和资产建立为核心的农村社会工作实践模式》，《社会学研究》第 6 期。

张红，2019，《社会工作本土化的理论与实务》，中国农业出版社。

张善根，2010，《学校社会工作与校园暴力的防控》，《法治校园》第 1 期。

张世英，2008，《哲学导论》，北京大学出版社。

张欣，2016，《洞察事件脉络柔化处理突发"危机"——学校社会工作方法在高校学生工作中的应用》，《法制与社会》第 14 期。

张燕婷，2015，《学校社会工作的本土化实践——基于生态系统理论的地方性探索》，《学海》第 3 期。

张燕婷、李细香，2013，《学校社会工作介入高校学生社区文化建设的策略研究》，《社科纵横》第 4 期。

张燕婷、赵洪萍，2021，《"社会学想象力"与教育社会学研究范式的整合》,《济南大学学报》(社会科学版)第 3 期。

张阳军,2006,《高校学生社区社会生态及其特征分析》,《江苏高教》第 5 期。

张怡然,2020,《个体化视角下我国城市"空巢青年"困境探究》,《法制与社会》第 29 期。

张昱,2012,《嵌入亦或转型:社会工作发展路径思考》,《中国社会工作》第 33 期。

章国锋,2000,《哈贝马斯访谈录》,《外国文学评论》第 1 期。

章国锋,2001,《关于一个公正世界的乌托邦构想》,山东人民出版社。

赵环、尹阿雳,2016,《增量嵌入:专业社会工作之于社区服务的一种解读——以深圳市 Y 社区服务中心为例》,载王思斌主编《中国社会工作研究》第 13 辑,社会科学文献出版社。

赵开开、于凤杰,2018,《"空巢青年"研究回顾与前瞻:阶段与特征、共识与分歧、重点与难点》,《理论月刊》第 11 期。

赵延东,2007,《社会资本与灾后恢复:一项自然灾害的社会学研究》,《社会学研究》第 5 期。

赵颖,2020,《小组社会工作提升城市空巢青年人际交往能力研究》,硕士学位论文,辽宁大学。

赵映雪、陶宇,2016,《农村留守儿童的学校社会工作介入》,《青少年研究与实践》第 3 期。

郑杭生,2003,《社会学概论新修》(第三版),中国人民大学出版社。

郑丽珍,2012,《生态观点》,载宋丽玉、曾华源、施教裕、郑丽珍编《社会工作理论:处遇模式与案例分析》,(台湾)洪叶出版社。

郑晓冬、周如茵、方向明,2018,《"空巢青年"的健康状况与生活状态研究》,《南方人口》第 4 期。

郑欣、孙天梦,2021,《软性话语抗争:青少年公共参与中的网络语言使用研究》,《湖南大学学报》(社会科学版)第 3 期。

钟年、彭凯平,2005,《文化心理学的兴起及其研究领域》,《中南民族大学学报》(人文社会科学版)第 6 期。

周艳华，2012，《社会工作视域下高校学生社区教育的创新路径选择》，《思想教育研究》第 5 期。

周怡，1995，《代沟理论：跨越代际对立的尝试》，《南京大学学报》（哲学·人文·社会科学）第 2 期。

朱晨海、曾群，2009，《结果导向的社会工作评估指标体系建构研究——以都江堰市城北馨居灾后重建服务为例》，《西北师大学报》（社会科学版）第 3 期。

朱慧劼、风笑天，2018，《网络形象与概念反思：对"空巢青年"的再审视》，《青年探索》第 2 期。

朱健刚、陈安娜，2013，《嵌入中的专业社会工作与街区权力关系——对一个政府购买服务项目的个案分析》，《社会学研究》第 1 期。

朱盼玲，2017，《从"帮扶"到"增权"：学校社会工作介入贫困生就业的策略转变》，《当代青年研究》第 6 期。

Adams, R. 2008. *Empowerment, Participation and Social Work*. New York: Palgrave Macmillan.

Alderson, J. J. 1988. "Models of School Social Work Practice", in Sarri R. C. and F. F. Maple (eds.), *The School in the Community*. Washington, DC: National Association of Social Workers.

Allen-Meares, P. 2014. *Social Work Services in School*. New York: Pearson Education.

Banks, J. A. 2004. "Multicultural Education: Historical Development, Dimensions, and Practice", in Banks J. A. and C. A. M. Banks (eds.), *Handbook of Research on Multicultural Education* (2nd ed.). San Francisco: Jossey-Bass, 3-29.

Bronfenbrenner, U. 1979. *The Ecology of Human Development: Experiments by Nature and Design*. Cambridge: Harvard University Press, 78-84.

Bronfenbrenner, U. 1995. "Developmental Ecology through Space and Time: A Future Perspective", in Moen P., G. H. Elder Jr., and K. Luscher (eds.), *Examining Lives in Context: Perspectives on the Ecology of Human Development*.

Washington, DC: American Psychological Association, 619–647.

Bronfenbrenner, U. and Morris, P. A. 2006. "The Bioecological Model of Human Development", in Lerner R. M. and W. Damon (eds.), *Handbook of Child Psychology: Theoretical Models of Human Development*. Hoboken: John Wiley & Sons Inc., 793–828.

Chen, H. T. and Peter H. Rossi. 1980. "Theory Multi-Goal, Theory-Driven Approach to Evaluation: A Model Linking Basic and Applied Social Science", *Social Forces*, 59 (1), 106-122.

Cole, M. (1998). *Cultural Psychology: A Once and Future Discipline*. Cambridge, MA: The Belknap Press.

Conger, J. A. and Kanungo, R. N. 1988. "The Empowerment Process: Integrating Theory and Practice", *Academy of Management Review*, 13 (3), 471–482.

Costin, L. B. 1975. "School Social Work Practice: A New Model", *Social Work*, 20 (2), 135-139.

Cpstom, L.B.1969. "An Analysis of the Tasks in School Social Work." *Social Service Review* 43:274-285.

Fortune, A. and Reid, W. J. 2017. "Task-Centered Social Work", in Turner F. J. (ed.), *Social Work Treatment: Interlocking Theoretical Approaches* (6th ed.). New York: Free Press.

Gay, G. 2000. *Culturally Responsive Teaching: Theory, Research, and Practice*. New York: Teachers College Press.

Gitterman, A. 2017. "Life Model of Social Work Practice", in Turner F. J. (ed.), *Social Work Treatment: Interlocking Theoretical Approaches* (6th ed.). New York: Free Press.

Gitterman, A. and Germain, C. B. 2008. *The Life Model of Social Work Practice: Advances in Theory and Practice* (3rd ed.). New York: Columbia University Press.

Goldstein, H.1973. *Social Work Practice: A Unitary Approach.*Columbia, SC:

University of South Carolina Press.

Gray, M. and Coates, J. 2010. "Indigenization and Knowledge Development: Extending the Debate", *International Social Work*, 53 (5), 613-627.

Gutiérrez, L. M. 1990. "Working with Women of Color: An Empowerment Perspective", *Social Work*, 35 (2), 149-153.

Gutiérrez, L. M., Parsons, R. J., and Cox, E. O. 1998. *Impowerment in Social Work Practice: A Sourcebook*. Pacific Grove: Brooks/Cole Co.

Harré, R. 1992. "The Second Cognitive Revolution", *American Behavioral Scientist*, 36 (1), 5-7.

Healy, K. 2014. *Social Work Theories in Context: A Critical Introduction*. London: Palgrave Macmillan.

Howe, D. 1996.*On Being a Client: Understanding the Process of Counseling and Psychotherapy*. London: Sage.

Jordan, B. 1978. "A Comment on 'Theory and Practice in Social Work'", *British Journal of Social Work*, 8 (1), 23-25.

Jordan, B. 1987. "Counselling, Advocacy and Negotiation", *British Journal of Social Work*, 17 (2), 143.

Kimberly, S. M., Ford, T. G., and Schneider, B. 2008. "Are Middle-Class Families Advantaging Their Children?", in Weis L. (ed.), *The Way Class Works: Reading on School, Family, and the Economy*. London: Routledge, 134-148.

Kisthardt, W. E. 2013. "Integrating the Core Competencies in Strengths-Based, Person-Centered Practice: Clarifying Purpose and Reflecting Principles", in Saleebey D. (ed.), *The Strengths Perspective in Social Work Practice* (6th ed.). Boston: Pearson, 53-78.

Kondrat, D. C. 2014. "The Strengths Perspective", in Teater B. (ed.), *An Introduction to Applying Social Work Theories and Methods*. London: McGraw-Hill Education, 39-55.

Lareau, A. 2002. "Invisible Inequality: Social Class and Childrearing in Black Families and White Families", *American Sociological Review*, 67 (5), 747-

学校社会工作

776.

Lauder, H., Brown, P., and Halsey, A. H. 2009. "Sociology of Education: A Critical History and Prospects for the Future", *Oxford Review of Education*, 35 (5), 569-585.

Lee, J. A. B. and Hudson, R. E. 2017. "Empowerment Approach to Social Work Treatment", in Turner F. J. (ed.), *Social Work Treatment: Interlocking Theoretical Approaches* (6th ed.). New York: Oxford University Press, 142-165.

Lefebvre, H. 1979. "Space: Social Product and Use Value", in Freiberg J. W. (ed*.), Critical Sociology: European Perspective*. New York: Grossman, 285-295.

Lerner, R. M. 2004. *Liberty: Thriving and Civic Engagement among America's Youth*. Thousand Oaks: Sage Publications.

Magee, J. C. and Galinsky, A. D. 2008. "Social Hierarchy: The Self-Reinforcing Nature of Power and Status", *Academy of Management Annals*, (1), 351-398.

Midgley, J. 1981. *Professional Imperialism: Social Work in the Third World*. London: Heineman.

Moore, R. 1988. "Correspondence Principle and Marxist Sociology of Education", in Cole M. (ed.), *Bowles and Gintis Revisited: Correspondence and Contradiction in Educational Theory*. New York: Falmer Press.

Payne, M. 2014. *Modern Social Work Theory*. New York: Oxford University Press.

Pincus, A. and Minahan A. 1973. Social Work Practice: Model and Method. Itasca, IL: Peacock.

Reay, D., Crozier, G., and Clayton, J. 2009. "'Strangers in Paradise'? Working-Class Students in Elite Universities", *Sociology*, 43 (6), 1103-1121.

Rogers, P. J. and Carol H. Weiss. 2007. "Theory-based Evaluation: Reflections Ten Years on", *New Directions for Evaluation*, 114, 63-81.

Saleebey, D. 2013. "Introduction: Power in People", in Saleebey D. (ed.), *The Strengths Perspective in Social Work Practice* (6th ed.). Boston: Pearson, 1-24.

Sapir, E. and Irvine, J. T. 1994. *The Psychology of Culture: A Course of Lectures.* New York: Mouton de Gruyter, 24.

Sheldon, B. 1978. "Theory and Practice in Social Work: A Re-examination of a Tenuous Relationship", *British Journal of Social Work*, 8 (1), 1-22.

Shweder, R. A. 1990. "Cultural Psychology—What Is It", in Stigler J. W., R. A. Schweder, and G. Herdt (eds.), *Cultural Psychology*. Cambridge: Cambridge University Press.

Shweder, R. A. and Sullivan, M. A. 1993. "Cultural Psychology: Who Needs It?", *Annual Review of Psychology*, 44 (1), 497-523.

Sibeon, R. 1990. "Comments on the Structure and Forms of Social Work Knowledge", *Social Work and Social Science Review*, 31 (1), 29-44.

Simmons, C. 2008. "NASW Cultural Competence Indicators: A New Tool for the Social Work Profession", *Journal of Ethnic & Cultural Diversity in Social Work*, 17 (1), 4-20.

Simon, B. L. 1990. "Rethinking Empowerment", *Journal of Progressive Human Services*, 1 (1), 27-39.

Teater, B. 2014. *An Introduction to Applying Social Work Theories and Methods.* London: McGraw-Hill Education.

Ungar, M. 2002. "A Deeper, More Social Ecological Social Work Practice", *Social Service Review*, 76 (3), 480-497.

Weiss, C. 1997. "Theory-based Evaluation: Past, Present and Future", In Rog D. J. and D. Fournier (eds.), *Progress and Future Directions* in Evaluation: Perspectives on Theory, Practice and Methods. *New Directions for Evaluation*, 76. San Francisco: Jossey-Bass.

White, S. H. and Forward, 2000. *Cultural Psychology: A Once and Future Discipline.* Cambridge: The Belknap Press of Harvard University Press.

Willis, P.1977. Learning to labor: How working class kids get working class jobs. New York: Columbia University Press.

Wlodkowski, R. J. and Ginsberg, M. B. 1995. *Diversity of Motivation: Culturally Responsive Teaching*. San Francisco: Jossey-Bass.

Zimmerman, M. A. 1990. "Taking Aim on Empowerment Research: On the Distinction between Individual and Psychological Conceptions", *American Journal of Community Psychology*, 18 (1), 169-177.

图书在版编目（CIP）数据

学校社会工作：本土化知识体系构建与实践回应 /
张燕婷著 . -- 北京：社会科学文献出版社，2023.11
　　ISBN 978-7-5228-2295-2

　　Ⅰ.①学… Ⅱ.①张… Ⅲ.①学校－社会工作－研究
－中国 Ⅳ.① G40-052

中国国家版本馆 CIP 数据核字（2023）第 152481 号

学校社会工作
—— 本土化知识体系构建与实践回应

著　　者 / 张燕婷

出 版 人 / 冀祥德
责任编辑 / 胡庆英
文稿编辑 / 杨　莉
责任印制 / 王京美

出　　版 / 社会科学文献出版社·群学出版分社（010）59367002
　　　　　　地址：北京市北三环中路甲 29 号院华龙大厦　邮编：100029
　　　　　　网址：www.ssap.com.cn
发　　行 / 社会科学文献出版社（010）59367028
印　　装 / 三河市尚艺印装有限公司

规　　格 / 开　本：787mm×1092mm　1/16
　　　　　　印　张：13　字　数：189 千字
版　　次 / 2023 年 11 月第 1 版　2023 年 11 月第 1 次印刷
书　　号 / ISBN 978-7-5228-2295-2
定　　价 / 89.00 元

读者服务电话：4008918866